베를린,
베를린

BERLIN

베를린, 베를린

이은정
지음

분단의
상징에서

문화의
중심으로

창비

여는 글

　1992년 겨울날, 어느 오후를 잊지 못한다. 그날 나는 스승 리하르트 자게Richard Saage 교수님과 함께 베를린 시내를 걷고 있었다. 한국에서 온 제자에게 독일 역사의 현장을 꼭 보여주고 싶어 하는 자게 선생님과 베를린 도시 역사를 전공한 사모님과 함께 며칠에 걸쳐 아직 분단의 흔적이 오롯이 남아 있는 베를린의 구석구석을 답사하듯 걸어 다녔다. 포츠담 광장을 가르던 장벽은 없어졌지만 넓은 공터는 폐허인 채로 개발을 기다리고 있었고, 제국의회 의사당 건물에는 전쟁의 흔적이 그대로 남아 있었다. 브란덴부르크문과 동베를린 거리의 건물들은 모두 매연 때문에 검은색을 띠었다. 동베를린의 중심가였던 프리드리히 거리는 서베를린의 중심가인 쿠르퓌르스텐담Kurfürstendamm, 쿠담 거리에

베를린이 시작되었다고 하는 원베를린 어촌마을을 중심으로 본
시내 전경. 붉은 벽돌로 지어져 '붉은 시청'이라고 불리는 베를린
시청타워와 동독 시절 지어진 송신타워, 박물관섬에 있는 보데박
물관의 둥근 지붕이 눈에 띈다.

비하면 너무나 초라하고 어두웠다.

그즈음 누군가 나에게 언젠가 베를리너가 될 것이라고 이야기했다면 나는 웃으며 장난치지 말라고 답했을 것이다. 그러나 독일에 온 지 35년이 된 나는 그 절반의 시간이 지난 2008년부터 베를리너로 살고 있다. 이제 내 삶의 터전은 베를린이다. 베를린의 하늘 아래 사는 일은 행복하다. 그전의 시간을 알고 있기 때문에 더욱 그러할 것이다. 나는 1990년대 후반부터 베를린을 오가며 이 도시가 새롭게 변해가는 모습을 잘 지켜볼 수 있었다. 베를린장벽 너머 동쪽 지역은 이전 모습을 찾아보기 어려울 정도로 달라졌다.

21세기 베를린은 세계 곳곳의 젊은이들이 꿈과 열망을 안고 모여드는 도시가 되었다. 저녁이면 한산해지는 독일의 다른 도시들과 달리 베를린 시내 중심가에서는 밤에도 젊은이들의 웃음소리가 들린다. 곳곳에 있는 작은 극장에서는 다양한 실험극들이 무대에 올라오고, 젊은 음악가들과 화가들의 작품을 소개하는 이벤트가 계속 열린다. 음악과 예술을 사랑하는 젊은이들에게 베를린은 가슴을 뛰게 만드는 도시다.

또한 베를린은 우리의 가슴을 설레게 한다. 포츠담 광장과 브란덴부르크문을 잇는 도로 바닥에 가늘게 새겨져 있는 장벽의 흔적은 어떠한 분단도 영원하지 않고 극복될 수 있다는 희망을 상징하기 때문이다.

동독 영토의 한가운데에 떠 있는 섬과 같았던 서베를린은 서독과 동독이 갈등을 빚는 원인이기도 했지만, 동시에 양측 정부가 평화공존과 교류를 모색하게 만드는 중요한 이유이기도 했다. 분단된 두 체제의 사람들은 서로 만나서 대화하고 교류해야만 했다. 독일통일의 경험은 분단의 극복 과정 전체를 우리에게 고스란히 보여주고 있다.

베를린과 독일통일에 관한 자료를 조사하면서 나는 한반도에도 베를린과 같은 공간이 있었더라면 어땠을까 하는 질문을 끊임없이 던져본다. 이러한 가정 자체에 아무런 의미가 없다는 것을 안다. 독일의 경험을 그대로 한반도에 적용할 수 없다는 것도 부정하지 않는다. 그럼에도 불구하고 나는 분단된 베를린의 주민들이 경험한 것과 같은 의미를 가지는 다른 형태의 일들이 한반도에서 생길 수도 있을 것이라는 희망을 버리지 않는다. 아니 버릴 수 없다.

베를린장벽 붕괴 30주년을 기념하는 2019년 지금, 새삼스럽게 장벽으로 분단되기 이전의 베를린에 관한 이야기를 쓰는 이유는 분단이 완전한 차단이어야만 할 필요는 없다는 것을 베를린의 경험을 통해 보여주기 위해서다.

제2차세계대전에서 나치가 패망하고 그 결과 미국, 영국, 프랑스, 소련의 4대 승전연합국이 베를린을 분할통치하기 시작했을 때 동서베를린은 두개의 정치적·행정적 단위로 분리되었지만 완전히 단절되지는 않았다. 1961년 베를린장벽의 건설로 베를린의 동쪽과 서쪽은 닫히고 말았지만 장벽이 아무리 높아도 결코 갈라놓지 못한 부분이 있었기 때문이다. 19세기 독일의 산업화·근대화 과정에서 대도시로 발전한 베를린의 교통체계와 상하수도체계는 2차대전의 결과로 도시가 분단되었다고 해서 완전히 분리될 수 있는 것이 아니었다. 그래서 베를린의 존재는 동독과 서독을 연결해주는 가교가 될 수 있었다.

베를린장벽의 건설은 오히려 '접근을 통한 변화'로 불리는 신동방정책의 출발점이 되었다. 당시 서베를린의 시장이었던 빌리 브란트Willy Brandt는 장벽의 건설로 동서베를린 주민들이 서로 왕래할 수 없게 되자 '분단으로 인해 베를린 주민들이 겪어야만 하는 고통을 완화시켜야 한다'고 강조하면서 시정부 차원에서 동독 정부와 협상을 모색했다. 그리고 정치적으로 합의될 수 없는 기본적인 문제가 존재함에도 불구하고 정치인들과 정책 결정자들이 의지만 있다면 실무적인 협상이 이루어질 수 있다는 것을 보여주는 모범적인 사례를 만들어냈다.

그러나 동서베를린의 관계가 항상 평화공존의 원칙에 따라 교류 및 협력으로만 이루어진 것은 아니다. 1945년에서 1990년까지 세계적인 냉전체제가 이어졌고, 자본주의체제와 사회주의체제의 경쟁 구도와 동서독 관계의 변화는 동서베를린의 관계에 직간접적으로 지대한 영향을 미쳤다. 동독과 서독 간의 교류는 분단 당시 세계정세를 주도하던 미국과 소련의 관계, 동서진영이 만들어내는 갈등 속에서 변화하고 발전했다.

남북한의 관계 역시 한반도를 둘러싼 국제정치적 변화에 따른 영향을 받고 있다는 점에서 베를린의 과거 상황과 크게 다르지 않다. 그러나 베를린의 콘크리트 장벽은 이미 30년 전에 무너졌고 한반도의 허리를 자르는 휴전선 철조망은 여전히 건재하다. 사라진 베를린장벽의 흔적이 남아 있는 거리를 걷다보면 어김없이 한반도의 분단이 하나의 연결점처럼 떠오른다. 언젠가 이런 습관이 없어질 날을 꿈꾸며, 분단되었으나 완전히 차단되지는 않았던 시절의 베를린 이야기를 하려고 한다.

천의 얼굴을 가진 도시 베를린에서 새로운 것을 발견하는 일은 아주 즐거운 경험이다. 크로이츠베르크Kreuzberg와 노이쾰른Neukölln 지역에 모여 있는 젊은 예술가들의 창작공간을 산책하다가 19세기에 만들어진 베를린의 지하세계를 발견할 수 있다. 새로운 고급 주거지로 부상한 프렌츠라우어베르크Prenzlauerberg 지역의 갤러리를 보고 까페에 앉아 1920년대 그곳에 살았던 화가 케테 콜비츠Käthe Kollwitz와 작가 베르톨트 브레히트Bertolt Brecht

를 떠올려본다. 시내 슈마르겐도르프Schmargendorf 지역에는 시인 라이너 릴케Rainer Maria Rilke가 해마다 여름이면 와서 지냈던 루 안드레아스살로메Lou Andreas-Salomé 집 정원의 작은 별채가 있다. 지금 그 근처에는 베를린에서 소문난 아이스크림 가게가 문전 성시를 이루고 있다. 이딸리아 출신 주인이 매일 직접 만드는 본 젤라또를 손에 들고 그뤼네발트 숲 호수로 걸어갈 수 있다. 베를 린 시내를 동서로 연결하는 100번 버스의 2층에 앉아서 시내를 내려다보는 분위기도 그만이다. 서쪽의 쿠담KuDamm 거리에서 시작해 포츠담 광장, 운터덴린덴Unter den Linden 거리와 하케셔마 르크트Hackescher Markt 광장을 거쳐 동쪽의 알렉산더 광장까지 걸 어보는 일은 감동적이다. 장벽이 없어진 이 도시에서는 어디든 걸어갈 수 있다는 것을 새삼 알게 되기 때문이다.

통일된 베를린에는 큰 기관들이 각각 둘씩이다. 포츠담 광장 근처와 운터덴린덴 거리에는 두개의 국립도서관이 있고, 그 맞 은편에는 대형 예술극장도 두개가 있다. 베를린필하모니의 콘 서트홀과 쟝다르멘마르크트Gendarmenmarkt 광장의 콘서트하우스 다. 모두 세계적으로 유명한 콘서트홀이다. 그리고 오페라하우 스는 세개나 있다. 베를린이 세계적인 도시이니 그에 걸맞은 규 모라고 생각할 수도 있다. 그러나 두개의 종합대학교는 특이하 다. 남서부 달렘Dahlem 지역에 있는 자유대학교와 시내 중심 미테Mitte 지역에 있는 홈볼트대학교다. 모든 종합대학교가 국립인 독일 교육체계에서 두개의 종합대학교가 존재하는 도시는 없다. 사실 공공재정으로 운영되는 예술극장도 마찬가지다. 베를린만이 유일하다.

분단 시절 동베를린과 서베를린은 각각 종합대학교, 예술극장, 오페라하우스를 가지고 있었는데 통일 이후 통합하지 않고 그대로 유지하기로 한 것이다. 그러니 베를린에는 시정부의 재정만으로 운영비를 모두 감당할 수 없을 정도로 문화공간이 많다. 베를린 시장이었던 클라우스 보베라이트Klaus Wowereit가 "베를린은 가난하지만 섹시하다"라고 말한 것도 바로 그 때문이다. 결국 분단과 통일이 베를린을 가난하지만 섹시하고 매력적인 문화도시로 만든 것이다.

나는 특별하고 멋진 도시 베를린에서 일하는 '특권'을 누리면서 독일통일과 한반도 평화와 통일문제를 연구하고 있다. 내 연구실이 있는 자유대학교 한국학연구소는 달렘 지역에 자리잡고 있는데, 19세기 말~20세기 초에 기업인들이 지은 멋진 빌라가 여전히 많다. 한국학연구소 건물은 20세기 초 유대인 사업가가 가족을 위해 아르데코 양식으로 지은 집이다. 이 아름다운 건물의 정원에는 한국의 전통방식으로 지은 정자가 있다. 아모레퍼시픽이 한국의 미를 유럽에 알리기 위해 지어준 선물이다. 강원도에서 자란 금송으로 지은 이 정자의 기둥에는 남북한의 통일을 염원하는 상량문이 들어 있는데, 2018년 가을 베를린 주재 남북한 대사들이 함께 못질해서 보관한 것이다. 그렇다. 베를린에는 정말로 남한과 북한의 대사관이 모두 있다. 이들도 분단 시절 베를린 사람들처럼 자주 만나서 이야기를 나눠볼 수 있지 않을까? 분단된 한반도를 연구하면서 이런 상상에 종종 빠지곤 한다.

이 책은 윤영지, 한지혜, 하승창 세사람이 함께 참여한 동서독 지방자치단체의 교류에 관한 공동연구 프로젝트 덕분에 쓸 수 있었다. 2019년 초반 6개월 동안 꼼꼼하게 문서와 사례를 정리하고 함께 토론하면서 완성한 정책보고서가 이 책의 토대가 되었다. 그런 의미에서 이 책은 우리 네사람이 함께 작업하면서 만든 공동작품이다. 베를린의 교류 사례를 통해 지방자치단체들이 남북 교류에 어떤 역할을 할 수 있을지 구체적인 정책을 제안하기 위해 함께 고민하면서 많은 자극을 준 프로젝트 팀원들에게 진심으로 감사의 말을 전한다. 초고를 읽고 세심하게 수정해주신 권은정 선생님, 베를린장벽 붕괴 30주년이 되는 올해 이 책을 낼 수 있도록 도와준 창비 편집부에도 진심으로 감사드린다.

2019년 11월

이은정

BERLIN

독일의
분단과

베를린

첫번째 위기, 베를린 봉쇄

2차대전에서 패전한 후 독일은 미국, 영국, 프랑스, 소련 등
4대 승전연합국에 의해 분할통치되었다. 독일의 남부에는 미국
군, 동부에는 소련군, 북서부에는 영국군, 남서부에는 프랑스군
이 점령군으로 주둔했다. 독일제국의 수도였던 베를린은 소련
군이 점령한 동부 지역의 한가운데에 놓여 있었지만 이 도시의
정치적·상징적 중요성 때문에 4대 승전연합국이 공동으로 관
할통치하기로 했다. 독일 전역을 4대 승전연합국이 네개 지역으
로 나눠서 통치하기로 한 것처럼 베를린도 네개 지역으로 나뉘
었다. 베를린의 남서부에는 미국군, 동부에는 소련군, 서부에는
영국군, 북서부에는 프랑스군이 각각 점령군으로 주둔하게 되
었다.

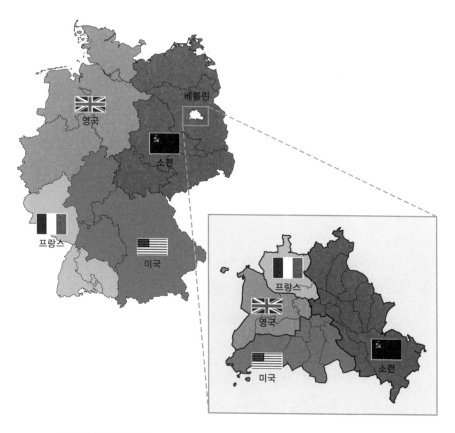

2차대전에서 패전한 후 독일은 미국, 영국, 프랑스, 소련 등 4대
승전연합국에 의해 분할통치되었다(좌). 독일 전역을 4대 승전연
합국이 나눠서 통치하기로 한 것처럼 베를린도 네개 지역으로 나
뉘어 각국의 점령군이 주둔하게 되었다(우).

종전 후에 독일과 베를린을 4대 승전연합국이 분할점령한다는 결정은 1944년 9월 런던의정서에서 합의된 것이었다. 이 합의 내용은 1945년 2월에 열린 얄따회담을 통해 다시 한번 확인되었다. 이 회담에서 결정된 바에 따라 1945년 7월 1일 미군은 자신들이 먼저 점령했던 독일의 튀링겐과 작센 지역을 소련군에게 넘겨주어야 했다. 그 대신 베를린에 진입했다.

1945년 5월 8일부터 7월 11일까지, 즉 나치가 패망한 후 연합군이 진입할 때까지 베를린은 시가전을 통해 이 도시를 점령했던 소련군이 단독통치했다. 이 시기에 독일 공산당의 지도부는 노조와 정당을 재건하고, 신속하게 재건된 베를린 지방행정기구의 요직에 공산당 인사를 배치했다. 1945년 7월 11일 처음으로 베를린에서 연합군 사령부 회의가 열렸다. 이 회의에서는 소련군이 그때까지 내린 명령들이 유효하며, 차후에는 모든 사항을 4개국 간의 합의를 통해 결정하기로 했다. 8월 4일에 열린 연합군 사령부 회의에서 4개국이 관할할 지역의 경계가 정해졌다.

1946년에는 베를린 연합군 사령부가 '베를린 임시헌법'을 공포했고, 10월 20일에 치러진 선거를 통해 130명의 의원으로 이루어진 시의회가 구성되었다. 시의회에서 사회민주당SPD, 이후 사민당 소속 오토 오스트로브스키Otto Ostrowski가 초대 베를린 시장으로 선출되었고, 베를린 시행정청이 구성되었다. 1948년 4월

22일에는 시의회에 진출한 정당들이 합의하고, 4대 승전연합국의 인가를 받은 베를린 헌법이 채택되었다.

베를린에 대한 전승국들의 공동 관리는 원활히 이루어지지 못했다. 서방연합국들이 관리하고 있던 베를린 서쪽 지역은 소련의 입장에서 본다면 눈엣가시와 같은 존재였다. 소련군 점령 구역인 동독 지역의 한가운데에 서방연합국의 세력이 미칠 수 있는 섬과 같은 공간이었기 때문이다. 더욱이 종전과 함께 시작된 냉전으로 인해 국제적인 문제에 대한 승전연합국 간의 합의점을 찾는 것이 더욱 불가능해졌다. 양 진영의 대립은 분할점령된 한반도와 독일에서 가장 첨예하게 드러났다. 미국과 소련 모두 세력 경쟁에서 서로 한치도 양보할 의사가 없었다. 그 결과 베를린은 분단이 점차 기정사실화되어가던 독일의 축소판이 되었다.

베를린에 연합군 사령부 기구가 정착된 후 소련 대표는 4개국이 각자의 점령지에서 베를린 주민들을 위한 식량과 생필품을 공급하라고 요구했다. 소련은 이를 통해 서베를린 주민들이 주변에 있는 브란덴부르크 지역으로부터 식량과 땔감을 조달하는 것을 불가능하게 만들려고 했다. 서방연합국은 서독 지역 점령지로부터 베를린 주민의 식량과 소비재, 연료를 보급하기 위해 모든 물품을 날라야만 했다. 나아가 연합군 사령부는 베를린 주민들이 겨울을 나기 위한 땔감을 마련할 수 있도록 그뤼네발트 숲에서 나무를 베어내도 좋다는 허가를 해야 했다.

서베를린 주민들은 식량을 조달하기 위해 경작 가능한 모든 땅에 농작물을 심었다. 서베를린에 있는 모든 공원과 도로가 감자밭으로 변했다. 당시 뉴스를 보면 지금은 커다란 나무들이 울창하게 서 있는 티어가르텐Tiergarten 공원에 감자농사를 짓기 위해 주민들이 밭을 만드는 과정이 나온다. 전쟁으로 폐허가 된 베를린 제국의회 의사당 주변이 감자밭으로 변한 모습을 담은 사진은 전후 베를린 주민들의 삶이 얼마나 고단했는가를 잘 보여주고 있다.

2차대전 후 소련이 의도했던 바는 독일과 베를린을 분단시키는 것이 아니었다. 오히려 베를린 전체를 통제함으로써 독일 전역을 소련의 영향권에 두기에 유리한 조건을 만들 수 있다고 보았다. 서방연합국이 이를 허용하지 않을 것이라는 사실이 분명해지자 소련은 자신의 세력이 미치는 지역에 대한 통치권을 공고하게 만들기 위해 나섰다. 1947년 12월 런던에서 열린 4대 승전연합국 외무장관회담에서 합의가 이루어지지 않자 소련은 베를린과 서독 지역 간의 병력 수송뿐만 아니라 소비재 운반도 제한했다. 소련이 점령한 동베를린 주민의 생필품도 제대로 공급되지 않아서 베를린 시행정청이 동베를린 지역을 포함한 베를

1946년 베를린 제국의회 의사당 모습. 2차대전 중 공습과 시가
전으로 인해 제국의회 의사당이 파괴되었고, 그 앞의 잔디밭과 공
원은 감자와 채소를 키우기 위한 텃밭이 되었다.

린 전역에 대한 생필품 배급을 담당해야만 했다. 공급되는 생필품이 부족했기 때문에 시행정청에 항의하는 주민도 있었다.

　베를린의 운명에 대한 최종적인 결정은 전독일 차원에서 이루어졌다. 1948년 1월 프랑크푸르트에서 열린 서방연합국 간의 회의에서 미국과 영국은 자신들이 관할하던 독일 점령지역의 행정을 통합하고 지역의회와 최고법원, 화폐은행을 공동으로 설립하겠다고 밝혔다. 이에 대응해 소련군 점령사령부는 소련군 점령지역의 행정을 담당할 독일경제위원회를 구성했다. 1948년 2월 프랑스가 미국과 영국에 합류함으로써 독일 영토가 두개의 경제권으로 분리되었다. 이어 3월부터 소련이 점령지역에 독일인민위원회를 구성하고 헌법 도입을 위한 준비에 착수하자, 서방연합국도 3국의 점령지역을 통합한 국가조직을 구축하기 위한 준비를 시작했다. 한반도에서 남한 단독선거가 결정된 바로 그 무렵 독일의 분단도 기정사실이 되었다.

베를린을 둘러싼 미국과 소련의 힘겨루기

　1948년 4월 이후 베를린의 상황은 더욱 악화되었다. 먼저 소련 대표가 연합군 통제위원회에서 나가버림으로써 4개국의 공동 행정 자체가 마비되었다. 소련군은 서베를린 지역으로 오가는 물자 수송과 주민들의 여행을 더욱 제한했다. 6월 16일에는 베를린 전역이 소련군 점령지역이라는 것을 확실히 하기 위해 베를린 연합군 사령부의 소련 대표가 더이상 함께할 수 없다고 사령부에서 나가버렸다. 6월 18일 서방연합국이 서독 지역에서 실행된 화폐개혁에 서베를린을 포함시킨다고 발표하자 소련 점령군 사령관은 베를린 전역이 소련의 점령지에 속한다고 주장하면서 새로운 화폐가 도입되는 것을 허용하지 않겠다고 선언했다. 소련은 서방연합국에 압력을 가하기 위해 베를린과 서독 지역을 연결하는 모든 고속도로와 철도를 통제했다. 이렇게 베를린을 둘러싼 미국과 소련의 힘겨루기가 시작되었다.

1948년 6월 24일부터 베를린에는 두가지 화폐가 통용되었다. 먼저 6월 23일에 소련 측에서 동독마르크를 도입하면서 동베를린 지역에서도 동독마르크가 통용되었고, 24일에는 6월 20일부터 서독 지역에서 통용하게 된 서독마르크가 서베를린 지역에도 도입되었기 때문이다. 서베를린에서 서독 화폐가 통용되도록 한다는 것은 서방연합국이 베를린을 포기할 의사가 없다는 사실을 분명히 보여준 것이었다. 같은 날 소련군은 서베를린으로 통하는 모든 도로와 철도, 수로를 봉쇄해버렸다. 이로써 서베를린과 서방연합국이 점령한 서독 지역 사이에는 1945, 1946년에 체결된 항공협정을 통해 보장된 항로만이 유일한 연결통로로 남았다.

6월 24일 미군 베를린 사령부는 성명을 통해 미국을 베를린에서 몰아내기 위해서는 전쟁도 감수해야만 할 것이라고 발표했다. 어떠한 일이 있더라도 소련에 굴복할 수 없다는 의지를 천명한 것이다. 다음 날 미국의 해리 트루먼Harry S. Truman 대통령은 원자폭탄을 장착한 B-29기를 독일로 배치할 것과 동시에 서베를린 주민들의 생필품 공급을 위해 공군기를 동원해 수송작전을 개시할 것을 명령했다. 서베를린 주민의 생명을 담보로 한 미소 간의 세력 경쟁은 원자폭탄을 실은 폭격기까지 동원할 정도로 일촉즉발의 상황으로 치달았다.

1948년 6월 28일부터 미국과 영국은 공군 수송기로 약 200만 명의 서베를린 주민을 위한 물자를 날마다 실어 날랐다. 매일 수십 대의 수송기가 서독의 공군 비행장과 서베를린의 공항을 오가며 석탄과 석유부터 버터와 설탕까지 주민들이 일상생활에 필요한 모든 생필품과 물자를 보급했다. 처음에는 하루에 4500톤, 가을부터는 5000톤, 1949년 초부터는 8000톤의 물자가 수송되었다. 1949년 4월 15일에는 24시간 동안 1398대의 수송기로 1만 2940톤의 물자가 공급되었다.

미국령 템펠호프Tempelhof와 영국령 가토우Gatow에 있는 두 개

서독과 서베를린을 잇는 모든 육로가 막혀버렸던 '베를린 봉쇄'
기간 중 서방연합군은 서베를린 주민의 생필품을 비행기로 수송
해야만 했다. 일반 가정의 연료로 쓰일 석탄도 공수했다. 한 가구
당 하루에 12.5킬로그램의 석탄이 배급되었다.

의 공항만으로는 거대한 수송기의 안전한 이착륙을 보장할 수 없었기 때문에 프랑스군의 점령지역인 테겔Tegel에 새로운 공항이 세워졌다. 테겔공항은 1948년 8월 5일에 착공해서 11월 5일에 완공되었다. 베를린 봉쇄라는 긴박한 상황에서 3개월 만에 공항 공사를 마친 것이다.

독일의 주간지 『디차이트』Die Zeit는 1948년 10월 28일 당시 서베를린의 상황에 관해 보도하면서 다가오는 겨울이 아주 힘든 시기가 되겠지만 주민들은 어떤 어려움도 잘 견딜 것이라고 쓰고 있다. 소련이 선전하는 것처럼 수만명의 굶주린 주민들이 불법으로 감자를 구하기 위해 소련군 점령지역에 가는 일은 일어나지 않았고, 테겔공항의 건설로 물자 공급이 원활해지면 서베를린 주민들이 힘든 겨울도 잘 버텨낼 것이라고 격려했다. 서방 연합국이 서베를린 주민들에게 배급하던 설탕과 버터를 200퍼센트 늘렸다는 이야기도 전하고 있다.

서베를린 주민들은 구할 수 있는 모든 나무를 땔감으로 사용했고, 농작물을 심을 수 있는 땅에는 모두 감자를 심었다. 반면 소련은 언론을 통해 베를린의 숲과 공원이 파괴되고 있다고 공격하면서 서베를린으로 신선한 감자와 땔감이 유입되지 못하도록 통제를 더욱 강화했다. 동시에 소련은 서베를린 주민들에게 소련군 점령지역에서 식료품과 석탄을 구입하기 위한 카드를 신청하라고 제안했다. 서베를린 주민 중에 약 10만명만이 이 카드를 신청한 것으로 알려졌다. 소련이 기대했던 것과는 달리 서베를린 주민의 10퍼센트도 안 되는 비율이었다. 1948년 10월 28일의 『디차이트』는 다가올 겨울이 아무리 매서운 추위를 몰고 온다고 하더라도 소련과 사회주의통일당SED, 이후 사통당이 기대하는 것처럼 베를린이라는 도시의 정치적 의미를 파괴하거나 주민들의 의지가 꺾이는 일은 벌어지지 않을 것이라고 쓰고 있다.

베를린 봉쇄를 직접 경험했던 서베를린 주민들은 1948년 겨울을 특히 어려웠던 시절로 기억한다. 서베를린의 숲에 있는 대부분의 나무가 이 시기에 땔감으로 베여나갔다는 말은 과장이 아니었다고 한다. 현재 울창한 나무들이 우거져 있는 베를린의 숲을 보면 믿기 어렵지만 대부분의 나무들이 1949년 이후에 심어진 것이다.

소련에 의한 봉쇄가 시작된 이후 베를린의 시행정청뿐만 아니라 법원, 대의기관 등은 더이상 베를린 전체를 대표하는 기능을 할 수 없었다. 소련군 점령지역에 있던 시청을 미군 점령지역인 쉐네베르크Schöneberg로 이전하고, 서방연합국의 점령지역이 유럽공동체로 통합된다는 것이 분명해지면서 동서베를린은 완전히 분단되었다.

1948년 12월 2일 동베를린에 남아 있던 시의원들이 임시의회를 소집해서 새로운 시장을 선출하고 동베를린을 관할하는 별도의 시행정청을 세웠다. 서베를린 지역에서도 선거를 통해 에른스트 로이터Ernst Reuter가 시장으로 선출되고, 서방연합국 측이 서베를린 지역에 있는 시행정청을 합법적인 기구로 승인했다. 12월 4일에는 동베를린 지역에 있던 카이저빌헬름대학교에서 학문의 자유를 요구하던 대학생들과 그들을 지지하는 교수들의 주도로 미군 점령지인 서베를린 지역에 미국의 도움을 받아 자유대학교를 세웠다. 학생들이 학교 건립에 주도적인 역할을 한 것이다.

　소련은 서방연합국이 통일된 하나의 독일이 세워지는 것을 막는다고 비난하며 자신들이 베를린 전체를 관할해야만 한다고 계속 주장했고, 서방연합국 측은 4대국협정에 따라 베를린은 공동으로 관할되어야 하는 지역이라고 맞섰다. 서베를린 주민의 삶을 담보로 한 미국과 소련의 대결은 1949년 5월 12일 소련이 베를린 봉쇄를 해제함으로써 종결되었다.

냉전 시대의 특수 지역, 베를린

소련의 베를린 봉쇄는 미국, 영국, 프랑스의 점령지를 하나의 경제권으로 통합하려는 서방연합국 측의 정책을 저지하려는 것이었고, 그것이 여의치 않게 되자 서방연합국 세력을 소련 점령 지역에서 아예 몰아내는 것이 목적이었다. 이 때문에 미국이 원자폭탄을 투하할 수 있는 B-29 폭격기를 독일에 배치할 정도로 위기가 고조되기도 했다. 그러나 한반도에서와는 달리 독일에서는 이런 위기 상황이 전쟁으로 치닫지 않았다. 미국과 소련 모두 어느 한쪽이든 공격을 하게 되면 제3차세계대전이 시작되리라는 것을 잘 알고 있었기 때문에 전쟁을 야기하는 극단적인 결정을 내리지 못한 것이라고 역사가들은 평가한다. 그렇다면 한반도에서는 미군과 소련군이 직접 대치하지 않았기 때문에 전쟁이 발생했던 것일까? 1949년 독일에서는 최후에 양보하고 베를린 봉쇄를 해제한 소련의 지도자 이오시프 스딸린Iosif V. Stalin이 한반도에서 김일성이 공격을 개시하는 것을 동의한 이유는 한반도에서의 전쟁이 세계대전으로 확산될 위험이 없다고 보았기 때문일까?

결과적으로 보면 베를린 봉쇄로 인해 서베를린 주민들이 많은 고통을 겪었지만, 그로 인해서 전쟁이 발발하지 않았던 것은 독일인들에게 큰 행운이었다. 더욱이 소련은 서방연합국 세력을 배제하고 서베를린을 자신의 점령지역으로 만들고자 했던 원래의 의도를 달성하지 못했을 뿐만 아니라 오히려 서베를린 주민들이 서방연합군에 감사의 마음을 갖게 했다. 동시에 서베를린과 서독의 주민들은 서방연합군을 소련의 팽창으로부터 막아주는 보호세력으로 받아들이게 되었다. 서베를린은 냉전의 최선봉에서 자유민주주의를 상징하는 도시가 되었다.

물론 베를린 봉쇄 때문에 독일과 베를린이 분단된 것은 아니다. 소련은 베를린 봉쇄 기간 중에도 외교협상장에서 서방연합국들이 서독 지역에 분단된 국가를 세우는 작업을 중지한다면 베를린 봉쇄를 해지할 의사가 있음을 여러차례 전달했다. 그러나 서방연합국 측은 서독 지역에 독자적인 정부를 수립하기 위한 준비를 중단할 의사가 없었다. 동서진영의 대립이 격화되고 있는 상황에서 서독 지역은 중부 유럽에서 소련의 영향력 확대를 막을 완충지대이자 전략적 요충지였기 때문이다. 1949년 5월 12일 소련이 봉쇄를 해제할 때까지도 베를린 문제에 대한 최종적인 결론은 아직 내려지지 않았다.

1949년 5월과 6월 빠리에서 열린 승전연합국 외무장관회담에서 미국, 영국, 프랑스, 소련 모두 베를린과 관련해 현상을 유지하기로 합의했다. 그러나 서독과 동독 지역에서 이미 새로운 정부 수립 작업이 진행되면서 서베를린은 소련군 점령지가 아니면서 동독의 한가운데 놓이게 되었다. 동베를린은 1949년 10월 7일 건국을 선포한 동독의 수도가 된 반면, 서베를린은 서독, 즉 독일연방공화국으로 완전히 통합된 것도 아니고 자체적인 주권국가도 아닌 특별 지역이 되었다. 그 이유는 무엇보다 서방연합국과 서독의 정치인들이 서베를린의 지위에 대한 합의점을 찾지 못했기 때문이다. 서독의 수도는 베를린이 아니라 본으로 결정되었다.

베를린은 실질적인 분단에도 불구하고 형식적으로는 여전히 4대 승전연합국이 공동으로 관리하는 특수한 지역으로 남겨졌다. 이로 인해 분단에도 불구하고 서방연합국은 동베를린 지역에서 어떤 방해도 받지 않고 군사 순찰을 돌 수 있었고, 소련군이 서베를린 지역에 있는 항공안전청에서 함께 근무하거나 슈판다우Spandau에 있는 전범형무소의 관리에 동참할 수 있었다. 동독과 서독의 국가체제 내에서 동베를린과 서베를린이 차지하는 지위는 아주 유사했다.

독일연방공화국체제 내에서 서베를린의 지위와 관련해 서방연합국과 서독 정치인들 간에 최종적인 합의가 이루어진 것은 1950년 여름이 되어서다. 한반도에서 전쟁이 발발하자 동독의 한가운데 있는 서베를린이 위험한 상황에 처할 수도 있다는 것

1장 독일의 분단과 베를린

이 분명해졌기 때문이다. 결국 서베를린은 12번째 연방주가 아니라 특별 지위를 보장받는 도시국가가 되었다. 서베를린 시의회의 의원들은 서독의 하원인 연방의회와 상원인 연방회의에 투표권이 없었다. 서독의 연방법 또한 서베를린에 직접 적용되지 못하고 서베를린 시의회의 비준을 거쳐야만 했다. 서베를린 주민은 서독 연방하원의원에 대한 선거권이 없었으며, 서독 청년들이 갖는 병역의무가 서베를린 주민들에게는 적용되지 않았다.

동베를린도 서베를린과 마찬가지로 승전연합국이 공동 관리하기로 한 지역에 속했다. 그렇기 때문에 동베를린도 서베를린과 마찬가지로 완전히 동독체제에 속하지 않는 특별 구역이었다. 소련이 서방연합국과의 합의를 무시하고 동베를린을 동독의 수도로 결정했지만 동베를린의 특수한 지위까지 무시하지는 못했다. 그 결과 동베를린 대표들은 최고인민회의에서 직접 투표에 참가할 권한이 없었고, 다른 지역의 대표들과 격리되어 회의에 참석해야만 했다. 나아가 동독 최고인민회의에서 도입한 법률 규정을 동베를린에 적용하려면 동베를린 시행정청이 형식적으로 동의해야만 했다. 동베를린과 주변 동독 지역 간의 경계에서는 자동차와 통행자 통제가 이루어졌다. 그러나 서방연합국이 베를린에 대한 4개국의 공동 관리에 대한 합의를 근거로 동베를린이 동독의 수도라는 것을 승인하지 않았음에도 불구하고 동베를린은 동독의 모든 정부기구가 집중된 중앙집권체제 국가의 수도로 발전했다.

한편 서베를린은 11개월간 이어진 봉쇄로 인해 서독과 비교해 경제적으로 낙후된 지역이 되었다. 소련군이 전쟁배상금의 명목으로 1945년 이 지역 산업시설의 80퍼센트를 철거해 간 후 경제가 제대로 복구되기 전에 봉쇄가 이루어졌기 때문에, 전후 신속한 복구작업을 통해 경제성장을 달성한 서독 지역과 서베를린 간의 경제적 격차는 아주 크게 벌어졌다. 봉쇄 기간 동안 서방연합국은 서베를린 주민들의 생존을 보장하기 위한 생필품만을 공수했을 뿐 생산자재를 공급한 것은 아니었다. 그렇기 때문에 봉쇄가 끝난 후에 서방연합국은 서베를린의 경제를 재건하기 위해 많은 노력을 기울였다. 1951년부터 미국이 유럽 부흥을 위해 추진한 마셜플랜과 서독으로부터의 경제지원이 효과를 발휘하기 시작했다.

베를린 봉쇄 해제 이후에도 서방연합국은 소련이 또다시 서베를린을 봉쇄할 수도 있을 것이라고 생각했다. 이에 대비하기 위해 서베를린 시정부에 충분한 양의 기본 식량과 석탄, 연료, 의약품을 항상 비축해둘 것을 지시했다. 서독 연방정부의 지원 아래 서베를린 시정부는 주민들의 생필품뿐만 아니라, 원자재와 산업생산을 위한 반가공품을 충분히 비축하기 위한 대규모 저장프로그램을 개발했다. '시정부 예비재'라고 불리던 저장고는 독일이 통일되던 1990년이 되어서야 해체되었다. 1990년 서베를린 저장고를 해체하면서 이곳에 비축되었던 9만 톤의 식품과 의료품, 기타 소비재는 인도주의적 원조의 명목으로 소련에 제공되었다.

두번째 위기, 베를린 최후통첩

소련이 서베를린을 볼모로 서방세계에 압력을 가할 수 있을 것이라는 우려는 근거가 없는 것이 아니었다. 이는 1958~62년에 발생한 두번째 베를린 위기를 통해 증명되었다. 시내 한복판에서 미군과 소련군의 탱크가 대치하는 상황까지 목격해야만 했던 베를린 주민들에게 냉전은 항상 자신의 삶을 위협하는 위기였다. 특히 서베를린의 주민들과 서독의 수도 본에 있는 정치인들이 느끼는 냉전은 본질적으로 다른 것이었다.

1949년 동독과 서독이 건국된 이후, 독일 영토에 정치적·행정적으로 분리된 두개의 국가가 실제로 존재했다. 그러나 서독 연방정부의 초대 수상이자 철저한 반공주의자였던 콘라트 아데나워Konrad Adenauer는 독일 영토 내에 두개의 주권국가가 존재하는

1장 독일의 분단과 베를린

것을 용납하지 않았고, 동독을 정상적인 주권국가로 인정할 수 없다는 원칙을 세웠다. 아데나워 수상의 '동독 불승인 정책'은 동서독 간의 긴장을 야기할 수밖에 없었다. 더욱이 1955년에는 할슈타인원칙Hallstein Doctrine이라는 외교정책을 내세워 국제사회에서 동독을 고립시키려고 했다. 이 정책의 핵심적인 내용은 서독은 동독과 수교한 국가들과 국교를 단절하거나 외교관계를 맺지 않는다는 것이었다. 할슈타인원칙이 공포된 1950년대 중반부터 동서독 간의 긴장 관계는 개선되지 않고 오히려 악화되었다. 이러한 긴장 상태는 베를린에서 미국과 소련이 정면충돌 직전까지 갔던 1958년과 1961년의 베를린 위기를 전후로 극에 달했다.

아데나워 수상은 서독을 서방세계로 통합하기 위한 정책을 적극 추진했다. 미국뿐만 아니라 프랑스와 영국 등 서방의 우방국들이 서독을 신뢰하는 동맹 파트너로 여기도록 노력했다. 그의 이러한 외교정책은 1954년에 체결되어 1955년부터 효력을 발휘하게 된 빠리협정을 통해 서독이 주권을 회복하고, 1955년 북대서양조약기구NATO의 회원국이 됨으로써 성공적으로 마무리되었다. 나아가 1950년대에 이르러 서독은 '라인강의 기적'이라 불릴 정도로 빠른 속도로 경제부흥을 달성했다.

1950년에 발생한 한국전쟁이 서독 경제가 급속히 성장하는 데 중요한 역할을 했다는 것은 이미 잘 알려진 사실이다. 한국전쟁은 서독의 경제성장에만 긍정적인 영향을 준 것이 아니라 동독과 서독의 정치인, 시민 모두가 독일 땅에서는 한반도에서와 같은 전쟁이 일어나서는 안 된다는 생각을 가지게 만들었다고 한다. 그렇기 때문에 1950년대에 동서독 관계에 긴장을 야기하는 상황이 연속적으로 발생했음에도 불구하고, 갈등이 통제 불가능한 상태로까지 악화되지 않게 해야 한다는 암묵적인 합의가 이루어질 수 있었다.

동독은 1950년대 초에 사회주의 계획경제체제의 구축 과정에서 주민들의 영양실조 문제가 대두될 정도로 경제가 악화되었다. 총체적인 난국을 타개하기 위한 방안으로 동독 정부는 1953년에 노동자들이 책임져야 할 작업량을 올리기로 결정했다. 노동자와 농민이 책임 작업량 증가에 저항하면서 봉기했다. 봉기에 참여한 동베를린 노동자들은 서방연합국과 서독에 지원을 요청했다. 그러나 서방연합국은 연대성명 발표 외에는 적극적으로 지원하지 않았다. 이는 한국전쟁과 같은 상황이 독일 땅에서 일어나는 것을 피하기로 한 암묵적인 합의와 무관하지 않다. 당시 서방연합국은 서베를린과 서독에서 자신들의 세력과 법적 지위를 유지하는 것에 모든 주의를 기울일 뿐, 동베를린에서 발생한 사태에는 간섭하지 않았다. 동독은 소련의 관할구역이었기 때문이다.

서방연합국은 서독이 NATO에 가입한 후에도 서베를린의 지위는 변함없을 것이라고 못을 박았다. 서베를린을 관할하는 연합군 사령부는 1954년 11월에 이런 입장을 서베를린 시정부에 공식적으로 통보했다. 그 내용은 서베를린에 주둔한 미국, 영국, 프랑스 군대는 여전히 점령군으로서의 기능을 유지하고, 서방연합군이 공동으로 사령부를 구성한다는 것이다. 동시에 이들은 본에 주재하는 대사를 통해 본국 정부의 지시를 받도록 했다. 그것은 본에 주재하는 각국 대사관이 서베를린에서도 외교 대표로서 역할을 수행한다는 것을 의미했다. 동베를린에 주둔한 소련군의 지위도 이와 유사했다.

수도 베를린과 통일 문제에 대한 논란

1955년 제네바에서 열린 승전연합국 정상회담에서 4개국이 공동으로 베를린을 관할한다는 것을 합의한 이후 서베를린은 외부로부터의 간섭으로 인해 발생하는 문제 없이 비교적 순조롭게 발전할 수 있었다. 그러나 이 시기에 서독 내부에서 베를린과 통일 문제에 대한 논란이 불거졌다. 1957년 2월 서독 연방의회에서 '수도 베를린' 문제에 관한 논의가 전개되었다. 당시 서베를린 시의회 의장이었던 빌리 브란트는 베를린을 독일연방공화국의 수도로 선정하는 것은 서독이 독일통일을 위해 진지하게 노력하겠다는 것을 보여주는 신호라고 설명했다. 그는 나아가 연방의회가 자주 서베를린에서 회의를 열어야 하며, 더 많은 연방기구가 서베를린으로 이전되어야만 한다고 강조했다. 연방의회는 네명의 의원을 제외한 모든 의원의 찬성으로 베를린이 독일의 수도이며, 베를린에 연방의회 의사당 건물의 설계를 당장 시작해야만 한다고 결정했다. 그리고 연방의회 내에 통일과 베를린 문제를 주관하는 위원회를 설립했다. 그러나 1957년 이후 베를린을 둘러싼 긴장이 고조되면서 이 위원회는 그 의미를 상실했고, 의회와 정부 건물을 건축하려던 계획은 무산되었다.

브란트는 1956년 11월 서베를린에서 소련을 반대하는 대중시위의 선두에 있었다. 소련의 독재에 저항하는 헝가리 주민들을 소련군이 무력으로 진압한 것에 대해 서베를린 시민들이 항의하는 시위였다. 이 대중시위에서 브란트는 강한 어조로 소련을 비판했고 이런 그의 행동에 시민들은 열렬한 지지를 보냈다. 동베를린에 있는 소련 대사관 앞까지 가겠다고 나선 시위대가 통제 불가능해질 수도 있는 급박한 상황일 때, 브란트는 그들을 진정시켜 충돌이 발생하지 않게 만들었다. 이 때문에 그는 서베를린의 차기 시장 후보로 언론에 거론되고 있었다.

1957년 10월 3일 서베를린의 새로운 시장으로 선출된 브란트는 취임사에서 서베를린을 서독으로 통합시키는 정책을 지속할 것이라고 약속하며, 독일의 통일과 평화를 실현하기 위해 모두 노력할 것을 요구했다. 동시에 그는 동서베를린의 공공기관들 간의 기술적 합의를 통해 분단된 베를린 주민의 삶의 질을 향상시킬 것이라고 약속했다. 또 당시 동독 지도부가 지속되는 탈동독 행렬을 막기 위해 서베를린으로 통하는 통로를 차단할 것이라는 소문이 퍼지자, 그는 동독이 동서진영을 이어주는 교량으로서의 베를린의 기능을 파괴하려 한다고 경고했다. 그러나 동독이 서베를린을 완전히 둘러싸는 '만리장성'을 쌓을 것이라고는 생각하지 않는다고 언급했다.

서베를린에서 브란트 시장이 동베를린과의 새로운 관계를 모색하는 동안 1958년 1월 23일 서독 연방의회에서는 서독 연방군의 핵무장을 허용하는 것과 독일통일 문제에 관한 격론이 벌어졌다. 연방군의 핵무장을 반대하는 자유민주당FDP, 이후 자민당과 사민당은 아네나워 수상이 1950년과 1952년에 독일을 통일할 수 있는 기회를 놓쳤을 뿐만 아니라, 그는 통일을 원하지 않으며, 오히려 분단을 고착시키는 외교정책을 취하고 있다고 비난했다. 라디오를 통해 생중계된 연방의회에서의 토론은 당시 서독에서 가장 영향력이 큰 주간지 『슈피겔』 *Der Spiegel* 이 무려 10페이지에 걸쳐 보도할 정도로 사회적으로 큰 반향을 불러일으켰다. 서독의 현대사를 연구하는 학자들은 이날 연방의회의 토론을 통해 아데나워 수상의 몰락이 시작되었다고 평가한다. 바로 몇달 전인 1957년 가을 총선에서 유권자 절대다수의 지지를 얻고 재임한 그가 독일통일 문제 때문에 그런 궁지에 몰릴 것이라고는 아무도 생각하지 못했다.

전쟁의 위기, 베를린 최후통첩

1958년 연초에 서독 연방의회에서 시작된 독일통일 문제에 관한 논의는 가을까지 이어졌다. 그때까지 소련은 지속적으로 서독에 유화 제스처를 보내며, 독일과 평화조약을 체결하기 위한 4대국위원회를 구성할 의사가 있다고 했다. 그러나 10월 1일 연방의회가 분단된 독일 민족의 통일을 위해 모두 함께 노력해야만 한다는 제안을 만장일치로 통과시키자, 소련 공산당 서기장 니끼따 흐루쇼프 Nikita S. Khrushchyov 는 두개의 독일 국가가 존재한다는 사실을 그대로 수용하고, 2차대전의 잔재를 제거할 것을 서독에 요구했다.

1장 독일의 분단과 베를린

1959년 초에 흐루쇼프는 베를린에 대한 4대 승전연합국의 권한은 세계대전의 잔재로 더이상 그 효력을 발휘하지 않는다고 주장했다. 그에 따르면 서방연합국이 베를린에 주둔하는 것이 불법이며, 그 목적은 소련과 동독, 다른 사회주의권 국가들에 심각한 해를 끼치기 위한 것이라고 비난했다. 그는 결국 서방연합국에 6개월 내에 서베를린에 주둔하고 있는 병력을 철수시키라는 이른바 '베를린 최후통첩'을 보냈다. 만일 미군이 서베를린에 계속 주둔할 경우에는 완전한 주권과 함께 베를린으로 통하는 모든 도로, 수로, 항공로를 통제할 권한도 동독에 이양하겠다고 밝혔다. 서방연합국이 무장병력을 동원해서 서베를린으로 접근하려고 할 경우에는 소련이 동맹국을 지원하러 올 것이고, 그 결과는 핵전쟁일 것이라고도 협박했다. 흐루쇼프의 최후통첩으로 인해 베를린은 또다시 세계전쟁이 발생할 수도 있는, 국제무대에서 가장 위험한 지역이 되었다.

독일인들은 독일 영토에서 전쟁이 일어나는 것을 원하지 않았다. 후일 서독 연방정부의 외무장관이 된 정치인 게르하르트 슈뢰더Gerhard Schröder는 차라리 서베를린을 니더작센주의 뤼네부르크Lüneburg 들판으로 옮기는 것이 좋겠다고 말할 정도였다. 전쟁을 하는 것보다는 서베를린을 서독 땅으로 이전하는 편이 훨씬 비용이 적게 들어갈 것이라는 그의 발언은 단순한 농담이 아니었다. 어떻게든 전쟁이 일어나는 것은 막아야 한다는 독일 정치인의 간절한 바람을 보여주는 말이었다. 그러나 이에 대한 최종결정권은 서독과 동독의 정부가 아니라 서방연합국과 소련에 있었다.

미국, 영국, 프랑스는 소련의 최후통첩을 수용할 것을 거부하며, 서방연합국이 서베를린에 자유로이 접근할 권한을 유지할 것이라고 대응했다. 다만 소련이 최후통첩을 철회한다면 베를린 문제를 유럽 안보 문제의 틀 안에서 논의할 의사가 있다고 답했다. 한편 소련은 1959년 1월 10일 동독과 서독 간의 평화조약을 체결할 것을 제안하면서 독일통일 문제는 동서독 정부에 의해 해결되어야 한다고 주장했다.

이와 관련하여 동서진영이 어떤 합의점도 찾지 못하자 소련은 결국 전략을 수정, 최후통첩을 취소하고 승전 4개국 외무장관회담을 여는 것에 동의했다. 만일 서베를린을 상대로 무력을 사용하면 서방연합국 측에서 원자폭탄을 사용할 가능성도 있다는 것을 염두에 두어야만 했기 때문이다. 같은 해 6월 1일부터 시작된 비밀협상에서 서방은 처음으로 베를린 문제를 독일 문제와 별도의 주제로 다루는 것에 동의했다. 9월 26일부터 27일까지 미국에서 드와이트 아이젠하워 Dwight D. Eisenhower 대통령과 흐루쇼프 서기장 간의 캠프 데이비드 회동이 성사되면서 베를

1장 독일의 분단과 베를린

린 위기는 적어도 전쟁으로 이어지지는 않았다. 그러나 위기가
완전히 해결된 것은 아니었다.

베를린장벽의 등장

소련은 1960년에 들어 서독 지역과 서베를린을 연결하는 도
로, 철도, 항공 등 제반 교통조건을 까다롭게 만들었다. 동독 내
무부는 서독 국민들이 동베를린을 방문하려면 동독 정부가 승
인한, 이른바 통행증을 제시해야 한다고 발표했다. 이런 결정이
내려지게 된 이유는 무엇보다 동독 주민들이 대거 서독으로 이
탈하는 것을 막기 위한 것이었다. 이 시기 서독은 미국의 경제원
조 덕분에 경제가 급속하게 발전하면서 노동시장 및 생활수준
이 향상되었다. 반면 동독에서는 사통당의 일당독재 지배체제
가 강화되었다. 가시적으로 드러나는 동서독 간의 경제적 격차
와 억압적인 통치로 인해 지식인뿐만 아니라 의사, 기술자 같은
동독의 고급 전문인력들이 서베를린을 통해 서독으로 이탈했
다. 1949년 이후 1960년까지 동독에서 서독으로 탈출한 주민의
수가 약 250만명에 달했다. 이들 중에 25세 미만의 젊은이들이
거의 절반을 차지했다.

동독 당국은 자국에서 훈련받은 고급 노동인력의 유출을 막기 위해 이미 1952년에 동서독 접경에 철조망과 통행금지 구역을 설치했다. 서베를린과 주변의 브란덴부르크 지역 간의 출입도 차단하고, 베를린 내부의 검문소를 통한 통과만 허용해왔다. 그럼에도 불구하고 동독을 이탈하는 사람들의 수는 감소하지 않았다. 1961년 6월 한달 동안에만 약 3만명, 8월 초에는 하루 평균 1500명의 주민이 동독에서 이탈한 것으로 서베를린에서 집계되었다.

동독과 소련의 입장에서 보면 주민의 이탈을 막기 위해서라도 서베를린을 동독으로 통합시켜야만 했다. 1961년 소련의 흐루쇼프는 새로 선출된 미국 대통령 존 케네디John F. Kennedy와 이 문제를 두고 여러차례 협상했지만 미국은 소련의 제안을 여전히 거부했다. 그러자 동독 정부는 1961년 8월 13일 새벽 소련의 승인하에 서베를린과의 경계에 철조망을 설치하기 시작했다. 이후 철조망은 콘크리트 장벽으로 대체되었다. 베를린장벽이 세워진 것이다. 냉전이 새로운 정점으로 치닫기 시작했다.

1961년 8월 13일 장벽이 설치되면서 베를린은 하룻밤 사이 철조망을 중심으로 분단이 되고, 동서베를린 간 통행 또한 완전히 차단되었다. 소련은 베를린장벽의 건설을 통해 서방연합국을 움직이고자 했다. 그러나 베를린에 대한 서방연합국 측의 권리를 제한하려는 소련의 시도는 관철되지 않았다. 서방연합국은 장벽 건설 직후에는 외교 통로를 통해 항의하는 정도로 반응했다. 8월 19일 베를린을 방문한 미국 부통령 린든 존슨Lyndon B. Johnson은 서베를린 주민들에게 미국은 그들의 자유를 보호할 것이라고 약속하면서, 주민들도 장벽과 함께 살아야 할 것이라고 설명했다.

서베를린의 연합군 사령부도 일단 장벽을 수용하고 연합군 인력과 외교관들이 동독 측의 검색 절차를 거치지 않고 통과할 수 있는 지점으로 체크포인트 찰리Checkpoint Charlie 검문소를 정했다. 이 검문소는 베를린 시내를 관통하던 프리드리히 거리를 남북으로 자른 장벽 위치에 설치되었고, 경계를 서는 미군을 위한 작은 목조건물도 지었다.

동독 당국은 체크포인트 찰리 검문소를 거쳐 동베를린으로 가는 사람들도 검색하기를 원했다. 10월 27일 저녁, 동독 국경수비대가 체크포인트 찰리를 통과해서 동베를린으로 연극을 보러 가는 미군 장교를 멈춰 세우자 그를 보호하기 위해 무장한 미군이 긴급출동해서 미군 장교를 서베를린 지역으로 데려오는 사건이 발생했다. 이에 대해 미군 사령관은 체크포인트 찰리에 무장한 탱크를 배치할 것을 지시했다. 이어 체크포인트 찰리 검문소를 가운데 두고 30대가 넘는 미군과 소련군의 탱크가 전투준

1961년 10월 28일 미군과 소련군이 체크포인트 찰리 검문소에서 대치 중이다. 30대가 넘는 미군과 소련군의 탱크가 전투 준비를 하고 대치하는 일촉즉발의 상황이었다.

비를 하고 대치하는 상황이 벌어졌다. 소련군과 미군 모두 유사시에는 총격을 가하라는 지시를 받았다. 일촉즉발의 상황이었다.

어떤 일이 벌어질지 모르는 위험한 상황을 해결한 것은 케네디 대통령과 흐루쇼프 서기장 간의 전화통화였다. 케네디는 워싱턴과 모스끄바 간의 핫라인을 통해 흐루쇼프에게 전화를 걸어서 소련군 탱크가 조금만 뒤로 물러선다면 미군 탱크도 똑같이 뒤로 물러설 수 있을 것이라고 제안했다. 미국과의 전쟁을 원하지 않았던 흐루쇼프는 이 제안을 받아들였다. 베를린의 체크포인트 찰리에서 소련군의 탱크가 10미터 뒤로 움직이면, 미군 탱크도 10미터 뒤로 움직이고, 다시 소련군 탱크, 이어서 미군 탱크가 움직이는 기이한 상황이 연출되었다. 물론 양측 모두 탱크의 총부리는 상대방을 향하고 있었지만 미군과 소련군이 서로 총격전을 벌일 만한 위험한 상황은 종료되었다. 그러나 베를린 위기가 완전히 종결된 것은 아니었다.

꾸바 위기와 베를린 위기

1962년 9월 7일 브란트 서베를린 시장은 서방연합국으로부터 소련군이 서베를린을 공격할 수도 있다는 정보를 받았다. 이때 브란트 시장은 자신의 측근들에게 많이 걸어야 할 일이 생길 수 있으니 튼튼한 신발을 준비해두라고 일렀다고 한다. 그해 7월에 베를린 문제에 관한 미국과 소련의 협상이 아무런 성과 없이 결렬된 후, 서베를린 시정부는 이미 몇달 동안 우려하면서 상황을 주시하고 있었다. 소련은 또다시 동독과 별도의 평화조약을 체결하겠다고 협박했다. 브란트 시장은 소련의 위협이 현실화되어서 베를린으로의 통로가 다시 봉쇄될 경우 서방연합국이 어떻게 대응할 것인지 확실히 해줄 것을 요구했다.

당시 케네디 정부는 전쟁이 일어날 수 있는 가능성이 30퍼센트 정도 된다고 보았다. 그런 상황에서 1962년 10월 꾸바 위기가 발생하면서 베를린에서 전쟁의 위험이 그보다 훨씬 더 높아졌다. 당시 흐루쇼프는 서방연합, 특히 미국과의 협상에서 우위를 확보하기 위해 꾸바의 신생 공산정권을 보호해주는 대가로 꾸바에 미사일 기지를 비밀리에 설치하려고 했다. 소련은 이 미사일을 꾸바에 설치함으로써 백악관을 사정거리 안에 둘 수 있었다. 그러나 1962년 10월 14일 미국의 첩보기가 꾸바에서 비밀리에 건설 중이던 소련의 미사일 기지를 발견하면서 미국과 소련 간의 긴장 상태가 다시 악화되었다.

미국 케네디 정부는 소련의 꾸바 미사일 기지 건설이 무력시위라고 주장하며 소련이 기지 건설을 멈추지 않을 경우 이를 선전포고로 받아들이겠다는 성명을 발표했다. 꾸바 미사일 위기로 일컬어지는 1962년 미국과 소련 간의 군사적 대립은 또다시 국제사회를 긴장시켰다. 당시 케네디 대통령은 영국 수상 모리스 맥밀런Maurice H. MacMillan과의 전화통화에서 흐루쇼프가 베를린을 가지면 미국도 꾸바를 갖겠지만, 지금 미국이 꾸바를 가지려고 하면 확실히 베를린을 넘겨주게 될 것이라고 이야기했다. 꾸바 위기와 베를린 위기가 별개의 문제가 아니었던 것이다.

1962년 10월 28일 흐루쇼프가 꾸바에서 미사일을 없애기로 하고, 케네디가 꾸바를 공격하지 않겠다고 약속하고 터키의 미사일도 제거하기로 하면서 꾸바 위기는 종결되었다. 이와 함께 두번째 베를린 위기는 가까스로 종료되었다. 그후 국제사회와 독일에서 긴장 완화를 모색하려는 움직임이 가시화되었다. 당시 서베를린 시장이었던 브란트는 이미 1962년 초부터 동독과의 새로운 관계를 모색하기 위한 정책을 구상하고 있었다.

BERLIN

차단이
아닌

분단

경계를 넘어 통근하는 사람들

세계대전의 종전과 함께 시작된 냉전 시기 내내 베를린은 여러차례 동서갈등의 불씨가 되었다. 그러나 동시에 베를린은 그 갈등의 해결점을 찾아가는 하나의 플랫폼이었다. 1948년과 1958년 두차례에 걸쳐 일어난 베를린 위기를 극복하는 과정은 베를린이라는 공간이 교류와 대화의 플랫폼으로서 어떠한 역할을 했는지 아주 잘 보여주는 사례다.

만일 2차대전의 승전국들이 1944년에 합의된 런던의정서를 무시하고 1945년 5월에 자국 군대가 점령한 독일 영토를 자신의 통치하에 두고, 그에 따라 독일을 분할했더라면 어떻게 되었을까? 라이프치히와 튀링겐, 메클렌부르크Mecklenburg 서부 지역이 독일연방공화국의 영토가 되고, 베를린 전체가 동독의 수도가 되었을 것이다. 베를린 문제라는 것이 존재하지도 않았을 것이고 독일통일 문제도 완전히 다른 방식으로 전개되었을 것이다.

베를린이 분할점령되지 않았더라면 4대 승전연합국이 베를린을 공동으로 관리통치할 이유도 없었을 것이다. 물론 베를린 문제 없이도 독일 영토가 냉전의 최전선이 되었겠지만, 그로 인해 발생하는 갈등과 대립은 한 도시가 분단되면서 벌어진 사태와는 전혀 다른 양상으로 전개되었을 것이다.

소련이 서베를린 주민의 목숨을 담보로 서방연합국을 압박할 수도 없었을 것이고, 서방연합국이 많은 희생을 감수하면서 대규모 공수작전을 진행할 필요도 없었을 것이다. 흐루쇼프가 병력을 철수하라는 최후통첩을 보내고 베를린을 포위할 일도 없었을 것이고, 서방연합국이 항상 새로운 대처 방안을 마련할 필요도 없었을 것이다. 동독이 소련의 승인하에 모든 경계를 폐쇄한다면 서독과 서베를린의 연결통로를 보장하기 위해 무력을 동원해야만 하는지, 긴급 상황이 발생한다면 원자폭탄을 투하해도 되는지 서방연합국과 서독의 정치인들이 고민할 필요도 없었을 것이다. 그러나 베를린 분할점령은 실제로 일어난 일이었고, 이 복잡다단하고 심각한 정치적 문제에 대해 누군가는 반드시 답을 제시해야만 했다.

서베를린은 서방연합국에는 일종의 아킬레스건이었다. 방어

하기 어렵지만 어떤 대가를 치르더라도 지켜내야만 하는 곳이었다. 서베를린을 지키기 위해서는 소련과 동독과 타협할 수밖에 없을 때도 있었다. 서베를린 주민들은 동독의 영토 한가운데 놓인 섬에 갇힌 신세로 살아야 했다. 언제든지 고립될 수도 있다는 불확실성과 두려움은 그들의 일상에 늘 배어 있었다. '공산주의 정권에 자유를 빼앗기는 일은 절대 없을 것'이라는 서방연합국 측의 약속은 서베를린 주민들에게 심리적 안전장치가 되어주었다.

만일 베를린 봉쇄 기간 동안 서베를린 주민들 가운데 많은 이들이 소련 점령군 당국이 제시한 배급권 '유혹'에 넘어갔더라면, 서방연합국이 1년 가까이 공군 수송기를 동원해 서베를린 주민들에게 석탄부터 버터와 설탕까지 실어 나르는 대규모 공수작전을 벌이지 않았을 것이다. 또한 독일통일 문제는 언젠가는 반드시 해결해야 한다는 의식 자체가 잊힐 수도 있었을 것이다.

그러나 서베를린 사람들은 미국의 젊은 대통령 케네디가 소련의 노회한 흐루쇼프와의 신경전에서 얼마나 잘 대처할 수 있을지 확신할 수 없는 상황에서도 혼란에 빠지지 않고 기다렸다. 물론 이 시기에 헐값에 집을 팔고 서독으로 가기 위해 이삿짐을 싸는 사람도 있었다. 그들은 대부분 베를린이 고향이 아니라 다른 지역에서 유입된 사람들이었다. 베를린 토박이들은 장벽으

로 둘러싸인 서베를린 안에서 답답하고 불안한 일상을 고집스
럽게 견뎌내며 살았다.

분단된 베를린의 경제와 일상

  냉전 초기 동서진영의 첨예한 이념 대결로 인한 정치적 긴장
은 지속되었지만, 베를린 주민들의 일상적 삶이 완전히 단절되
지는 않았다. 1952년 11월까지는 서베를린 주민이 동베를린에
서 생필품을 구입할 수도 있었다. 장벽 건설 전까지는 동독 정부
나 사통당 관계자, 경찰 그리고 동독 인민군을 제외한 모든 동
베를린 주민들이 서베를린을 방문할 수도 있었다. 서베를린 시
의회 선거에 모든 베를린 주민이 출마할 수도 있었고, 실제로
사통당이 서베를린 시의회 선거에 정식으로 참여하기도 했다.
1960년 9월에 동독 정부가 서독 연방정부가 발행한 서베를린 주
민의 여권을 인정하지 않기로 하자, 서베를린 주민은 서독 니더
작센주의 고슬라Goslar 시의 주민으로 등록된 여권을 별도로 발
급받아서 동독을 방문했다.
  이 모든 일은 물론 동서독의 분단이 양쪽의 모든 연결고리를
완전히 끊어버리지 않았기 때문에 가능했다. 그런 의미에서 독

일의 분단은 한국전쟁 이후 이산가족의 개별적 아픔 외에는 어떤 연결고리도 존재하지 않고 적대감만 남게 된 한반도의 분단과 근본적으로 달랐다.

미국, 영국, 프랑스, 소련의 4대 승전연합국은 정치적으로 베를린을 분할점령하면서 경제 또한 분리시켰지만, 노동시장은 그대로 남겨두었다. 적어도 형식적으로는 분할점령된 구역 간의 자유로운 교통과 단일한 노동시장을 유지하는 것을 보장했다. 하지만 승전연합국의 합의에 따라 형식적으로 보장된다고 해도, 냉전이 고조되고 베를린 봉쇄와 같은 위기를 겪어본 주민들이 기꺼이 동서의 경계를 넘어 상대편 지역에서 근무하려 하지 않았다면 이러한 합의 자체는 의미가 없었을 것이다.

봉쇄가 종료된 1949년, 베를린에는 고집스럽게 동서의 경계너머에 있는 직장에 다니는 사람들이 약 20만명이나 있었다. 동베를린에서 근무하던 서베를린 주민의 수는 12만 2천명, 서베를린에서 일하던 동베를린 주민의 수도 약 7만 6천명이었다. 베를린 전체 취업인구의 12퍼센트가 매일 경계를 넘어서 출퇴근한 것이다. 그들에게 베를린은 분단 이전과 마찬가지로 하나의 삶의 공간이었다. 주민들에게 동서의 경계선은 정치인들이 그어놓은 정치적 경계일 뿐, 일상적인 경제활동까지 제약하는 경계는 아니었던 것이다.

승전연합국이 베를린을 분할점령했음에도 불구하고 베를린 주민
들은 점령지역 간의 경계를 넘어 경제활동을 지속할 수 있었다.
1946년 소련군 점령지역인 동베를린에서 미군 점령지역인 서베
를린으로 물건을 싣고 오는 모습이다.

동서베를린의 경계를 넘어 통근했던 사람들에 대한 이야기는 그동안 별로 알려지지 않았다. 이들의 존재는 끊임없이 정치적인 문제를 야기했고, 그에 대한 해결책을 논의하기 위한 만남이 이루어질 수밖에 없었다. 이들의 존재가 처음으로 문제가 된 것은 베를린에 두종류의 상이한 통화가 도입되었기 때문이다. 베를린 봉쇄가 한창이던 1949년 3월 20일 서방연합국이 서독마르크를 서베를린 지역의 유일한 통용화폐라고 선언했다. 그때까지는 서베를린 지역에서 동독의 마르크도 통용되었다. 그 결과 베를린은 통화구역도 두개로 나뉘었다.

통화구역 분리는 경계 너머 지역에서 근무하던 베를린과 주변 지역의 주민들에게 큰 문제를 가져왔다. 서독마르크와 동독마르크는 1:4에서 1:6의 비율로 교환되었기 때문에 서베를린에 살면서 동베를린의 직장에서 근무하던 사람들의 경우, 결과적으로 실질소득이 40~60퍼센트 감소한 것과 마찬가지였다. 이들의 소득을 보전해주기 위해 도입된 방안이 동베를린과 서베를린 간의 '임금조정금고' 제도였다. 이 제도의 기본원칙은 경계를 넘어 통근하는 사람들의 소득에서 환율로 인해 발생하는 잠재적 손실과 이익을 대차 계산해서 임금을 조정하는 것이었다.

서베를린에서 근무하는 동베를린 주민은 임금의 10퍼센트를 서독마르크로 받고, 나머지 90퍼센트는 고용주가 임금조정금고를 통해 1:1의 비율로 바꾼 동독마르크로 수령했다. 동베를린에서 근무하면서 동독마르크로 임금을 받는 서베를린 주민은 봉급의 60퍼센트를 임금조정금고를 통해 서독마르크로 환전하여 받을 수 있었다. 동서베를린은 노동시장 차원에서는 여전히 연결되어 있었지만 노동시장 전체를 관리하는 기구는 없었기 때문에, 임금조정금고는 환전의 역할뿐만 아니라 동서 노동시장 전체를 아우르는 일종의 노동청 역할을 했다.

임금조정금고 제도가 없었더라면 서베를린에 거주하면서 동베를린의 직장에 다니던 근로자와 가족의 삶이 유지되기 어려웠을 뿐만 아니라, 역사적으로 형성된 베를린 특유의 노동시장 구조가 파괴되었을 것이다. 그러나 양측 베를린 당국은 정치적·경제적 이유 때문에 경계를 넘어 출퇴근하는 것 자체를 금지할 수 없었다. 그것은 베를린 전역에서 자유로운 교통과 노동을 보장한다는 4대 승전연합국의 합의에 어긋났고, 베를린에 대한 승전연합국의 지위와 권리를 위협하는 결과를 가져올 수 있었기 때문에 승전연합국이 동의하지 않았을 것이다. 이처럼 분단된 베를린에서 경계를 넘어 출퇴근하는 것은 경제적인 이유뿐만 아니라 정치적인 이유 때문에도 계속 보장되었다.

서베를린의 시정부도 가능한 한 광범위한 영역에서 베를린과 주변 지역을 포괄하는 단일한 노동시장을 유지하려고 했다.

1951년에는 서베를린의 경제가 아직 좋아지지 않은 상황이었음에도 불구하고 동베를린에 거주하면서 서베를린에서 근무하는 사람들에게 지급되는 서독마르크의 비율을 10퍼센트에서 25퍼센트로 인상했다. 서베를린에 약 25만명의 실업자가 등록되어 있었음에도 불구하고 시정부가 이런 조치를 취한 것은 베를린 전역을 아우르는 단일한 노동시장을 유지하겠다는 강력한 의지를 보여준 것이다. 그러나 동베를린에 거주하면서 서베를린으로 출퇴근하는 사람들 중에 정치적·이념적으로 문제가 될 소지가 있는 사통당 당원, 자유노조 간부들에게는 임금조정금고 제도의 혜택이 주어지지 않았다.

동독에서 서베를린으로 출근하는 사람들

동독 정부는 1950년대 초반 서베를린에 거주하면서 동베를린의 국영기업에 근무하는 노동자 약 5만명을 해고했다. 1954년 서베를린 시의회 선거에서 동독의 지배정당인 사통당이 2.7퍼센트만 득표하자 동독 당국은 동베를린의 직장에 근무하는 서베를린 주민들을 희생양으로 삼았다. 사통당을 지지하지 않았다는 이유로 동베를린에 있는 인민 소유 사업장과 유통조직, 학교, 예술극장에서 근무하며 서베를린에 거주하던 사람들이 먼저 해고되었다. 하지만 동독 당국이 의도했던 바와는 전혀 다르게 이들은 오히려 서베를린 경제성장에 중요한 활력소가 되었다. 베를린이 동서로 분단되면서 많은 전문인력들이 서베를린을 떠나 서독으로 이주했고, 서베를린 안에 생긴 빈자리를 이들이 대신 채웠던 것이다. 반면에 동독은 오히려 전문인력 부족 문제에 부딪혀야만 했다.

동독은 서베를린의 직장으로 출퇴근하는 주민의 수도 줄이려고 했다. 그러나 1954년 전후로 잠깐 그 수가 감소되었던 시기를 제외하고는 장벽이 건설되던 1961년까지 약 4만~6만명의 동독 주민이 서베를린의 직장으로 출퇴근했다. 동독 정부는 이들에게 주택 배정, 자녀 교육, 여행허가 등 다양한 형태로 불이익을 줬다. 그뿐만 아니라 환율을 조작하거나 임의 체포 등 온갖 방법을 동원해서 서베를린의 직장을 포기하도록 압력을 가했다. 서베를린에서 일하려는 동베를린 주민은 1953년부터 동베를린 시당국의 허가를 받아야 했지만 사실상 1956년부터 시당국은 허가를 내주지 않았다. 미디어를 통한 조직적 비방 또한 지속되었다. 값비싼 전자기기 같은 물품은 구매가 금지되어 동베를린에서의 고용계약 관계를 증명할 수 있는 주민들에게만 판매가 허용되었다. 검문이 강화되면서 서베를린으로의 이동도 제한되었

　　　　　　　　　　　　2장　차단이 아닌 분단

다. 이로 인해 약 5만명이 넘는 사람들이 동독을 이탈해서 서베를린으로 가버렸다. 1961년 기준 동독 탈출자 전체의 15~20퍼센트가 동베를린에 거주하면서 서베를린으로 출퇴근하는 주민들이었다. 그럼에도 불구하고 서베를린의 직장으로 출퇴근하는 동독 주민의 절대적인 수는 크게 줄지 않았다.

서베를린의 경제 호황으로 1956년 이후 경계를 넘어 서베를린으로 통근하는 동독 주민의 수가 지속적으로 증가했다. 동독 당국은 정치선전을 통해 이를 막아보려고 했지만 인민 소유 사업장보다 서독의 지멘스Siemens나 아에게AEG 공장에서 일하려는 사람의 수가 오히려 늘었다. 동시에 동독이탈주민의 수가 늘어나면서 전문인력이 부족해지자 동독 경제는 더욱 어려움을 겪게 되었지만 법적으로 이를 막을 수 있는 방안이 없었다. 그렇기 때문에 동독체제에는 눈엣가시 같은 존재인 '동독 거주 서베를린 출퇴근자'들에 대한 정치적 압박은 더욱 강해질 수밖에 없었다.

거주지와 직장이 서로 다른 체제에 속해 있었기 때문에 겪는 가장 큰 어려움은 아마도 금전적인 문제였을 것이다. 동서베를린 양측은 지속적으로 환율 조정을 해야만 했다. 서베를린에 거주하면서 동베를린의 직장으로 통근하는 사람의 수는 줄어드는 반면에, 동독에 거주하면서 서베를린의 직장에 근무하는 사람의 수는 줄지 않았기 때문에 임금조정금고를 통한 서독마르크의 교환 비율이 지속적으로 높아졌다. 1961년의 경우 임금의 40퍼센트, 최대 275서독마르크까지 교환이 가능했다. 그로 인해 동독 주민은 아주 높은 소득을 보장받을 수 있었다. 이런 결과는 동독 당국의 억압에도 불구하고 동독 주민들이 서베를린에서 일할 수 있는 기회를 결코 놓치지 않으려 했던 큰 이유 중 하나였다.

동독에 거주하면서 서베를린으로 통근하는 사람들의 수는 1959년 4만명에서 1961년 5만 6천명으로 늘었다. 하지만 당시 동독은 그만큼의 노동력 부족으로 어려움을 겪고 있었다. 한편 서베를린 측에서는 이들이 출근하지 않는다면 어떤 일이 벌어질 것인지에 대해 염려하는 사람들도 있었다. 서베를린의 공장 중에는 근로자의 절반이 동독에 거주하는 경우도 있었기 때문이다. 서베를린 시정부의 내무장관은 시청 직원 중에 적어도 200여명 정도가 사통당의 간첩일 것이라는 우려를 표시하기도 했지만, 서베를린 측에서는 1961년 동독 당국이 경계를 넘는 조치를 금지하고 장벽을 세울 때까지 경계를 넘어 통근하는 동독 주민의 수를 제한하지 않았다.

장벽 너머로 지속되는 삶의 연결고리

1961년 8월 베를린장벽이 세워지면서 동서베를린의 주민들이 경계를 넘어 통근하는 일은 불가능해졌다. 뿐만 아니라 종전 이후 분단에도 불구하고 베를린 주민들에게 허용되었던 모든 왕래 또한 더이상 가능하지 않았다. 서독 주민들의 경우 1960년 9월부터 동베를린을 방문할 때 통행증을 제출해야 했던 것과 달리, 1961년까지만 해도 서베를린 주민은 특별한 허가 없이 동베를린을 방문할 수 있었다.

심지어 동베를린 주민이 서베를린 시의원 선거에 출마하는 것도 가능했다. 독일통일 직전 동독의 과도기에 개혁정부를 이끌었던 한스 모드로우Hans Modrow 수상이 젊었을 때 서베를린 시의회 의원에 출마할 수 있었던 것도 바로 그런 이유 때문이었다.

1950년대 똑같이 분단의 상황을 맞이한 베를린·독일의 상황과 한국전쟁 이후 분단된 남북한의 관계는 크게 달랐다. 한국전쟁으로 상처 입은 남북한은 상대에 대한 적대감으로 상호 간 그 어떠한 접촉도 허용하지 않았다. 남과 북은 어떤 종류의 접촉도 적과 동조하는 것이라고 비난하고 처벌했다. 남북한을 연결하는 고리는 어디에서도 찾아볼 수 없었다.

1949년 동독과 서독이 두개의 국가로 건국된 이후에도 여전히 베를린에서는 매일 아침저녁으로 경계를 넘어 출퇴근하는 사람들을 볼 수 있었다. 정치적으로는 분단되었지만 삶의 연결고리는 완전히 끊어지지 않아도 된다는 사실을 일상으로 접하면서 살 수 있었다. 그렇기 때문에 1961년 베를린장벽이 세워지고 비로소 분단을 실감한 베를린 주민이 겪은 고통은 더욱 컸을 것이다. 장벽을 앞에 둔 베를린 주민들은 매일 분단에 직면하고 살아야 했다. 베를린장벽 건설 당시 서베를린 시장이었던 브란트는 '분단으로 인해 주민들이 겪는 고통을 감소하는 것이 정치인의 의무'라고 강조했다. 그는 갈라진 땅에서 살아야 하는 사람들이 짊어질 고통의 무게를 제대로 알고 있는 정치인이었다.

1950년대 아데나워 수상이 이끌던 서독 연방정부는 동독과 외교관계를 맺는 국가와는 외교관계를 맺을 수 없다고 거부했다. 하지만 1949년 동서독 양국 건국 이후에도 베를린뿐만 아니라 서독과 동독 간에는 비록 제한적인 범위일지라도 경제, 우편, 통신, 문화 교류가 합법적으로 이루어졌다. 1945년 4대 승전연합국이 독일 영토를 분할점령한 이후 점령지 간에 이루어지던 물품교역은 1949년 체결된 프랑크푸르트협약을 통해 동독과 서독이 서로 교역을 허용하는 물품 목록을 교환하면서 역내교역으로 정례화되었다. 1950년에 체결한 베를린협약에서는 동서독의 경제적 교역을 위한 기본틀을 정하고 추후에는 교역 물품의 목록만 협의하기로 합의하였다. 이후 '내독교역'이라고 공식적으로 불리게 된 동서독 간의 경제 교류는 분단시기에 동독과 서독을 하나로 묶어주는 집게와 같은 역할을 했다고 해도 과언이 아니다.

베를린협약은 1950년 이후 다양한 위기 상황이 발생했음에도 불구하고 1990년 독일통일이 실현될 때까지 그 효력을 발휘했다. 정치적 분단에도 불구하고 지속적으로 이루어진 동서독 간의 경제적 교류는 동독 주민들이 서독에 관해 많은 정보를 접할 수 있게 해주었다.

중단되지 않은 우편통신

2차대전 이전까지 세계적인 문화의 중심지이자 산업도시였던 베를린은 전쟁으로 인해 모든 기반시설이 파괴되었다. 우편과 전화 통신체계도 완전히 무너졌다. 우체국 건물은 물론 지하우편수송관도 모두 파괴되었다. 베를린 시내의 우편물을 배달하기 위해 19세기 이후 구축되어 '작은 지하철'이라고 불렸던 지하우편수송관은 베를린의 우체국들을 지하로 연결한 것이었다. 지하에 설치된 관을 통해 편지, 우편엽서, 소포를 전달하는 체계는 도시 내에서 빠르고 정확한 우편통신을 가능하게 해주는 산업혁명의 산물로, 19세기 후반 베를린뿐만 아니라 빠리, 런던 등 유럽의 대도시들이 갖추고 있던 시스템이었다. 1865년에 처음 구축되기 시작한 베를린의 우편수송관 체계는 1939년에 이르면 총길이 400킬로미터로 90개의 우체국을 연결했으며, 12개의 파이프라인을 통해 연간 총 800만개의 우편물을 처리할 정도로 발전했다. 1939년 당시 베를린은 세계에서 빠리 다음으로 큰 지하우편 배달체계를 보유하고 있었다. 그러나 우편물 배달을 위한 파이프라인은 지하 깊숙이 묻힌 하수도관과 달리 지표면 가까이 묻혀 있었기 때문에 전쟁 당시 폭격으로 대부분 파괴되었다.

1945년 베를린을 점령한 소련과 서방연합국은 군사적 필요에 따라 베를린의 우편통신체계를 신속하게 재건하기 시작했다. 전신·전화체계의 경우 군사적 목적을 위한 노선이 먼저 복원되었다. 일반 가정에 전화선이 설치된 것은 지극히 예외적인 경우였다. 베를린 일반 주민들이 베를린 이외의 지역으로 장거리 통화를 할 수 있게 된 것은 1946년부터였다. 1950년대까지만 해도 일반 주민들의 주요 통신수단은 우편이었다. 독일에서 우편은 전통적으로 국가가 관리하던 영역에 속했다. 전후 베를린을 분할통치하게 된 승전연합국들도 역시 우편통신체계의 재건 사업을 주관했다.

베를린 시내의 지하우편수송관도 대부분 복구되었고, 베를린에서 사용될 새로운 우표도 발행되었다. 전쟁이 종결된 후 약 3개월이 지난 1945년 8월부터 베를린의 우편배달체계가 다시

베를린 시내의 우체국을 연결하는 지하우편수송관은 전화가 일
반적으로 보급되지 않았던 시기에 가장 신속하게 소식을 전할 수
있는 방법이었다. 편지, 우편엽서, 서류, 소포 등을 통에 넣어서
수송관을 통해 정해진 우체국으로 보냈다.

가동되어, 우편엽서와 편지를 배달할 수 있게 되었다. 10월 중순부터는 베를린 밖의 지역과 우편 교류가 가능해졌다. 1946년부터는 7킬로그램 이하의 소포를 독일 전역으로 부칠 수 있게 되었다. 서베를린과 동독 지역 간의 우편 교류가 직접적이었던 것과는 달리 동독과 서독 간의 우편 교류는 간접적으로 이루어졌다. 서독의 함부르크에서 동독의 라이프치히로 소포를 보내고자 할 경우 먼저 서베를린에 있는 개인 주소로 보내고, 서베를린에서 새로 우표를 붙여서 동독 지역으로 보내야만 했다. 서베를린이 동독과 서독의 우편 교류를 이어주는 연결고리 역할을 한 것이다.

우편 전쟁

전쟁의 피해를 극복하고 서서히 정상화되어가던 베를린의 우편체계는 1948년 6월 말 베를린 봉쇄가 시작되면서 위기에 부딪혔다. 서방연합국이 서베를린에 서독마르크와 함께 서독 우표를 도입하는 우편개혁을 실시하자, 소련군 지도부는 베를린 내에서 서독 우표 사용을 금지했다. 동베를린으로 배달되는 우편물 중 서독 우표가 붙은 것은 '발신인에게 반송'이라는 도장을 찍어서 돌려보내버렸다. 하지만 서방연합국은 이에 즉각적으로 대응하지 않고, 베를린 전역에서 우편배달이 원활하게 이루어지기를 기다렸다. 그러나 소련은 베를린 봉쇄 중에 배달되는 우편물의 양과 무게를 제한했다. 1949년 1월에는 서베를린에서도 동독마르크의 사용을 금지하고 동시에 동독 우표도 사용할수 없게 되었다. 그에 따라 서베를린의 우체국들도 동독 우표가붙은 우편물을 '발신인에게 반송'이라는 도장을 찍어서 돌려보내거나, 수신인에게 추가 요금을 낼 것을 요구했다. 이런 상황이벌어지자 눈치 빠른 사람들은 편지 한장에 동독 우표와 서독 우표를 모두 붙여서 보내기도 했다. 전쟁 중에 전선에서 보낸 편지도 정확히 배달되었던 독일에서 바로 옆 동네에서 보내는 편지가 전달되지 않는 일이 벌어진 것이다.

베를린 봉쇄와 함께 시작된 베를린의 '우편 전쟁'은 1949년9월 동베를린과 서베를린의 우체국이 모두 상대방 우표의 가치를 인정하기로 합의하면서 종결되었다. 그러나 베를린 시내의 지하우편수송관은 더이상 제대로 작동하지 못하게 되었다. 1949년 2월에 소련군이 점령한 지역과 서방연합군이 점령한 지역 간에 연결된 관을 모두 차단했기 때문이다. 베를린의 지하우편수송관은 그후 다시 복구되지 않았다. 동베를린에 있던 65킬로미터의 수송관과 서베를린에 있던 167킬로미터의 수송관은 그후 서로 분리된 체계로 운영되었다. 서베를린에서는 1963년까지, 동베를린에서는 1976년까지 사용되었다. 지상에서 가까운 곳에 묻힌 우편수송관은 기술적으로 복잡한 체계를 가지고 있는 하수도와 달리 정치적 결정에 따라 중단될 수 있었던 것이다.

정치적 선전물이 된 편지와 소포

그러나 승전연합국은 베를린 주민들이 경계 너머에 있는 가족과 친척, 친구에게 소식을 전하려는 의지까지 꺾지는 않았다. 동독과 서독 간에도 우편 교류가 지속적으로 이루어졌다. 편지뿐만 아니라 서독의 주민들이 동독의 친척과 친구에게 커피, 초콜릿, 비누와 같은 일상용품이 담긴 소포를 보낸 것은 잘 알려져 있다. 서독 주민들은 전쟁 직후 미국의 구호단체를 통해 전달되는 소포를 받으며 감사해한 기억을 가지고 있었다. 이러한 서독 주민들이 1950년대 경제성장과 함께 생활수준이 높아지자 자신들이 받았던 혜택을 동독의 친척과 친구에게 나누어 주자는 사회적 분위기가 형성되었다. 동독과 체제 경쟁을 하던 서독 정부는 자신의 우위를 과시하기 위해 이런 사회적 분위기를 부추겼다. 그 결과 1950년 이후 해마다 크리스마스 때가 되면 동독의 관청들이 서독에서 온 소포를 처리하느라 분주했다고 할 정도로 많은 양의 소포가 서독에서 동독으로 보내졌다. 물론 동독 당국이 서독에서 오는 편지와 소포를 감시통제한다는 것은 모두가 잘 알고 있는 비밀이었다.

동독 주민들이 소포를 보내준 서독의 친척과 친구에게 감사의 마음을 전하기 위해 소포를 보내는 경우도 적지 않았다. 서독 정보국도 동독에서 오는 편지와 소포를 감시통제했다. 서독의 군사정보국과 연방정보국이 간첩을 찾아내기 위해 매년 수천개의 소포를 개봉했다고 한다.

분단된 독일과 베를린의 주민들이 서로의 안부를 전하기 위해 보내는 편지와 소포는 전달된 지역의 정보기관이 감시했을 뿐만 아니라 정치적 선전물이 되기도 했다. 발신하는 우체국에서 정치적 선전문구가 담긴 직인을 찍거나 스티커를 붙여서 보내기도 했다. 소련은 이미 1946년부터 우편물에 정치선전문구를 직인으로 찍어서 보냈다. 동독 당국은 1950년에 서독으로 보내는 우편물을 통해 정치선전을 확대할 것을 결정하고 작은 우체국에도 그에 필요한 직인을 공급했다. 서방연합국과 서독도 그에 맞대응했다. 1952년에 동독은 "소련과 스딸린으로부터 사회주의를 건설하는 방법을 배우자"라는 문구를 서독으로 보내는 우편물에 찍게 했다. 이에 대해 서독은 동독으로 보내는 우편물에 "그래서 나온 결과는?"이라는 문구를 찍어서 보냈다.

1953년 6월 17일 동베를린 노동자들의 봉기가 무력으로 진압되었다. 그 직후 서베를린의 우체국이 노동자 봉기를 기념하는 우표 두장을 발행하자, 동독은 이 우표가 붙은 우편물을 모두 돌려보내기도 했다. 전화가 귀하고 경계를 넘는 것이 갈수록 어려워지던 시기에 대부분의 사람들이 서로의 안위를 묻기 위해 보낸 편지와 소포가 냉전의 척도가 된 것이다.

1960년대까지 베를린장벽의 양쪽에서 우편물에 선전 스티커를 부치거나 정치선전문구가 담긴 도장을 찍는 것이 일상적이었다. 양쪽의 정치 지도자들은 계속 새로운 선전 방안을 찾았다. 동독에서는 비밀경찰 요원들이 직접 우체국에 앉아서 개인의 우편물을 감시했다. 당시 독일에서는 "주민들이 지도자 발터 울브리히트Walter Ulbricht와 빌헬름 피크Wilhelm Pieck의 초상화가 들어 있는 우표를 편지에 많이 사용하지 않는 이유는?" 하고 물으면 "반대쪽에다 침을 뱉었기 때문"이라고 답하는 유머가 유행했다고 한다. 주민들도 정치선전을 위한 우표 사용을 아주 지겨워한 것이다.

장벽의 구멍

　1945년 이후 독일에서는 정치적 분단에도 불구하고 우편을 통한 교류가 전면적으로 중단된 적은 없었다. 반면 한반도에서는 1946~47년의 짧은 기간 동안 한반도 양쪽을 점령했던 미군과 소련군이 우편 행낭을 교환했던 시기를 제외하고는 우편 교류가 공식적으로 이루어졌던 적이 없다. 국가보안법에 따라 북한과 어떤 형태의 통신도 허용하지 않는 상황에서 우편 교류를 시도하는 것 자체가 위험한 일이 되었다.

　하지만 독일에서는 서독 정부가 동독을 정상적인 주권국가로 인정하지도 않고, 동독과 외교관계를 맺는 국가는 서독과 외교관계를 맺을 수 없음을 외교의 기본원칙으로 정했던 1950년대에조차도 동서독 간의 우편 교류가 정상적으로 이루어졌다. 서독은 동독이 우편물을 정치선전의 도구로 사용하는 것에 크게 개의치 않았다. 오히려 그에 기꺼이 맞대응해주었다.

　동독도 1976년이 되어서야 1948~66년 사이에 교환된 우편물로 인해 동독에서 발생했던 비용을 청구했다. 서독에서 동독으로 넘어오는 우편물이 압도적으로 많았기 때문이다. 서독은 2억 5천만 서독마르크를 동독에 지불했다. 그때까지 동독은 서독과의 어떤 형식적인 합의도 없이 서독에서 오는 수많은 우편물을 처리해준 것이다.

동독과 서독 정부가 우편 교류를 금지하지 않은 이유가 무엇인지 궁금해하는 한국인들에게 독일의 전문가들은 오히려 되묻는다. 왜 우편 교류가 금지되어야만 하는가? 우편제도는 독일이 하나의 제국으로 통일되기 이전에 많은 공국과 제후국으로 분할되어 있을 때부터 운영되던, 500년 이상의 오랜 전통을 가진 역사적·문화적 유산이었다. 동독과 서독 어느 쪽이든 이런 전통을 파괴할 수 없었다. 정상적인 국가라면 고려할 수 없는 일이었고, 동독과 서독은 모두 정상적인 주권국가라는 것에 자부심을 가지고 있었기 때문이다.

동독과 서독은 각자 독일의 문화적 유산을 계승한다고 천명했다. 거기에는 오랜 전통을 가진 박람회나 도서전시회를 지속적으로 이어가는 것도 포함되었다. 이런 행사들은 분단에도 불구하고 동독과 서독의 기업, 출판사, 문인 들이 만나는 하나의 장이 되었다. 베를린에서 그리 멀지 않은 동독의 도시 라이프치히에서 해마다 열린 박람회와 도서전은 동서독 국가가 분단 상황에서도 단일한 문화유산을 계승하겠다는 의지를 아주 잘 보여주는 사례였다.

라이프치히박람회는 중세에 기원을 둔 독일 최대의 무역박람회다. 이 박람회는 냉전기에 동독이 동유럽의 사회주의 국가들로 이루어진 바르샤바조약기구뿐 아니라 서구 자본주의 국가들에 동독의 생산품을 소개하고 교역을 확대할 수 있는 중요한 장이었다. 동독은 국제교역의 확대를 통해 국제사회에서 정상적인 주권국가로 인정되기를 원했기 때문에 라이프치히박람회를 지속적으로 유지하는 것은 특별히 중요했다. 이 박람회가 동독에 얼마나 중요했는지는 1961년 베를린장벽이 설치되자 당시 서베를린 시장이었던 브란트가 국제사회에 라이프치히박람회를 보이콧할 것을 요청한 것에서도 확인할 수 있다.

17세기에 시작된 라이프치히도서전 또한 오랜 역사적 전통을 가진 독일 최대의 책박람회였다. 전통적으로 도서출판의 중심지였던 라이프치히 지역에는 전문 출판사와 대형 출판사 들이 집중되어 있었다. 소련은 라이프치히를 서적출판도시로 계속 유지하기로 결정했고, 분단 후에도 지속적으로 도서박람회를 개최하기로 했다. 라이프치히 도서박람회는 전통적으로 3월에 열리기 때문에 그해의 출판 방향을 가늠할 수 있는 중요한 행사다. 1950년대에도 서독의 출판사들이 이 도서전에 지속적으로 참가했다. 도서전을 통해 동서독 출판사 간 교류 및 협력도 가능했다. 라이프치히도서전은 1945년부터 1990년에 이르기까지 동독과 서독의 독자들이 서로의 출판물에 접근할 수 있도록 하는 '장벽의 구멍'과 같은 역할을 했다.

동독과 서독은 저마다 정상적인 주권국가로서 민족의 문화유
산을 지켜내겠다는 정치적 결정을 내세웠다. 이 두 국가의 결단
은 결국 베를린뿐만 아니라 동독과 서독의 주민들이 경계를 넘
어 소통할 수 있게 해주었다. 이를 보면서 한반도의 상황에 대해
끊임없이 질문하게 된다. 우리는 왜 그 긴 세월 동안 한장의 엽
서도 주고받지 못하고 살아야만 했는지를 말이다.

BERLIN

막을 수
없는

흐름

지하의 연결망, 하수도

수백년 역사를 통해 하나의 거대도시로 성장한 베를린을 제
도적으로 분단하는 것은 정치적 의지에 따라 결정될 수 있는 일
이었다. 그러나 베를린의 상하수도를 비롯해 지하철, 전철과 같
은 인프라는 제도적으로 분리할 수 있는 게 아니었다. 지하우편
수송관처럼 기술적으로 비교적 간단히 차단할 수 있는 시설도
있었지만, 1990년 독일이 통일될 때까지 완전히 분리되지 않은
채 분단 시절을 보낸 것이 있다. 바로 베를린의 지하에 거미줄처
럼 퍼져 있는 지하 하수통로였다.

베를린의 거대한 지하 하수관은 베를린이 독일 산업의 중심
지로 부상하던 19세기 말~20세기 초에 만들어졌는데, 1873년
베를린 도시건설 책임자 야메스 호브레히트 James Hobrecht가 현

대식 방사형 하수체계로 설계했다. 방사형 하수체계란 베를린을 하천의 흐름과 선박용 운하에 따라 12개의 구역으로 나눠 각 구역에 독립된 하수관들을 배치하고, 각각의 하수관을 거쳐 특정 양수장에서 끌어 올린 하수를 베를린 외곽에 있는 거대한 하수 이용 경작지로 방류하는 체계였다. 전통적으로 베를린 외곽 지역의 농민들은 베를린에서 발생하는 하수를 거름으로 사용해 왔다. 19세기에 고안된 방사형 하수체계는 이러한 기존의 근교 농업구조를 기술적으로 세련되게 해결했을 뿐만 아니라 도시 내에서 콜레라, 티푸스, 이질 같은 수인성전염병의 확산을 방지하는 데 크게 기여했다.

호브레히트가 설계한 기본구조를 바탕으로 1901~5년 동안 터널 공사가 진행되었고, 지금까지도 하수배수시설로 사용되고 있는 지하터널이 건축되었다. 아치형의 천장을 한 터널들이 서로 연결되어 교차하는 지점들은 부드러운 곡선 형태로 만들어졌다. 이 지하 하수터널은 붉은 벽돌을 하나씩 손으로 쌓아 올려 만든 고딕양식의 건축물로, 지금까지도 하나의 예술품이라고 평가될 정도로 잘 지어졌다.

현재 베를린의 하수터널은 총 9725킬로미터다. 베를린에서 서울까지 비행기로 가는 것보다 긴 거리다. 그중 3132킬로미터는 지어진 지 100년이 넘었을 정도로 오래되었다. 하수터널의

베를린의 지하 하수터널은 붉은 벽돌을 하나씩 손으로 쌓아 올려
만든 고딕양식의 건축물로, 서로 연결되고 교차하는 아치형의 천
장들이 아름답다.

크기는 작은 것은 1.5미터, 큰 것은 4미터가 넘는 것도 있다. 하수터널을 걸어 다니면서 점검할 수 있도록 양쪽으로 보행로가 만들어진 곳도 있다. 베를린의 모든 가정에서 나오는 하수는 동쪽과 서쪽 상관없이 모두 이 터널을 통해 하수처리장으로 흘러간다. 아침에 각 가정에서 샤워하느라 하수량이 많아질 때에는 하수면의 높이가 높아졌다가, 한낮이 되면 다시 낮아지는 것을 매일 관찰할 수 있는 곳이다.

경계를 넘어 흐르는 하수

베를린의 하수를 담당하는 기관은 전통적으로 여러개로 나뉘어 있었다. 1945년 종전과 함께 베를린의 상하수도를 관리하는 기관들이 하나로 통합되었다. 그러나 정치와 행정이 동서로 분리되면서 1949년 베를린의 상하수도 관리기구도 이에 따라 분리될 수밖에 없었다. 상수도의 경우 동서베를린이 분단 후에 별도의 공급체계를 구축할 수 있었지만 하수체계는 1990년까지도 완전히 분리되지 못했다. 그 이유는 하수 처리의 마지막 지점인 하수 이용 경작지가 대부분 동독 지역에 있었기 때문이다.

서베를린에서 방출되는 하수의 90퍼센트는 동베를린에 위치한 하수처리시설에서 정화되어 주변의 경작지에 뿌려졌고, 나머지 10퍼센트만 영국의 관할구역에 위치한 하수 이용 경작지에 분사되는 구조였다. 동베를린에서 배출되는 하수가 서베를린 지역의 하수터널을 거쳐 동베를린 정화시설로 흘러들어가는 경우도 있었다. 그러나 그것은 비교적 적은 양이었다.

하수가 흐르는 방향을 바꾸기 위해서는 19세기 이후 구축된 하수체계를 근본적으로 변경해야 했다. 수천 킬로미터가 넘는 지하터널을 새로 구축하거나 새로운 정화시설을 구축하는 일 모두 막대한 비용이 들 뿐만 아니라 아주 오랜 시간이 필요한 작업이었다. 1950년대 동베를린과 서베를린의 하수 관리를 담당한 기관들은 좋든 싫든 기술적으로 협력하는 것 외에 다른 대안이 없었다. 동베를린과 서베를린의 배수 기술자들은 통일될 때까지 실무적 차원에서 지속적으로 만나고 협력하지 않을 수 없었다.

원활한 하수 관리를 위해 교류 및 협력하던 동베를린과 서베를린의 이해관계는 아주 달랐다. 서베를린의 경우 자체적인 정화시설이 부족했기 때문에 서베를린에서 발생한 하수를 기존의 하수관을 따라 동베를린으로 흘려 보내 정화시키는 것이 중요했다. 동독은 서베를린의 하수를 처리해줌으로써 서독마르크를 벌 수 있었다. 그렇기 때문에 동독은 장기적으로 많은 양의 서베린 하수를 공급받는 데 관심을 가졌다.

하수 처리와 관련된 양측의 서로 다른 이해관계를 조율하고 협의하기 위해 서베를린 시정부와 동독 정부는 분단 직후부터 지속적으로 접촉하고 대화해야만 했다. 의제는 물론 하수 공급과 구매량, 하수 통과 및 정화 비용에 관한 것이었다. 1950년 동베를린과 서베를린의 하수공사 기간에 하수시설에 대한 합의가 이루어졌다. 동베를린에서 정화하는 서베를린 하수의 양을 1년 기준 1억 세제곱미터로 보고, 이에 대한 비용으로 매년 130만 서독마르크를 서베를린이 동독에 지불하기로 했다. 반면에 동베를린의 하수가 서베를린을 통과하는 것에 대해서는 비용을 정하지 않았다. 무료였다.

1961년 베를린장벽이 세워진 후에도 서베를린 하수는 지속적으로 동베를린 쪽으로 흘렀고, 동베를린에 있는 하수정화시설에서 처리되었다. 그러나 브란트 시장이 이끄는 서베를린 시정부는 장벽 건설에 대한 항의의 표시로 하수 처리에 대한 비용을 지불하지 않겠다고 했다. 동독 측에서는 그럼에도 불구하고 1950년의 합의를 지키며 서베를린에서 흘러오는 하수를 계속 정화했다. 동베를린의 지하터널로 흘러오는 서베를린의 하수를 막을 경우 서베를린 시정부도 동베를린에서 나오는 하수가 서베를린의 지하터널을 지나가지 못하게 막을 수 있었다. 그

럴 경우 베를린에서 배출되는 모든 하수가 베를린 남쪽에 있는
텔토우Teltow운하와 슈프레강으로 흘러들어가 결국 동독 주민들
의 건강을 위협할 수 있다는 것 또한 양측 모두 인식하고 있었
다. 그렇기 때문에 동독은 장벽을 세운 후에 하수터널을 통해 서
베를린으로 탈출하는 주민들이 생겨도 하수터널을 완전히 막을
수가 없었다.

하수터널로 탈출하다

동독 당국은 이미 1950년대부터 하수터널이 동독을 탈출하려
는 주민들의 탈출통로로 이용되는 것을 막기 위해 경계 지역에
창살을 설치하고 감시했다. 1955년에 최초로 창살이 설치된 이
후 1960년 말까지 베를린의 경계 지역에 위치한 24개의 하수도
관에 창살이 설치되었다. 그중 18개의 하수도관 하수는 동에서
서베를린으로 흘렀고, 나머지는 서에서 동베를린으로 흘렀다.

1961년 9월 초에 하수터널을 통해 서베를린으로 탈출한 사람
들은 당시 발목까지 구정물이 찬 하수터널을 걸어서 경계 지역
에 도착했는데 쇠창살로 막힌 터널 앞에서 당황했다고 이야기
한다. 하수가 막히지 않고 계속 흘렀기 때문에 그때까지만 해도

동독 당국은 동독 주민들이 하수터널을 통해 탈출하는 것을 막기
위해 동서베를린의 경계 지역에 위치한 하수터널에 창살을 설치
하고 감시했다.

하수터널에 창살이 세워져 있다는 사실이 동독 주민들에게 알려지지 않았던 것이다. 1961년까지는 쇠창살이 터널의 바닥까지 내려오지 않고 물 위에만 설치되어 있었기 때문에 시궁창 물속에 몸을 담그고 하수터널의 바닥을 기어서 서베를린으로 탈출하기도 했다.

　그러나 1961년 말 동독 당국은 하수터널의 쇠창살을 바닥까지 닿는 것으로 교체했을 뿐만 아니라 여러겹으로 세우고, 마이크까지 설치해 쇠창살을 자르는 소리가 곧바로 국경수비대에 전달되게 했다. 그리고 하수터널의 경계 지역에 발을 디디면 경보가 울리는 장치까지 설치했다. 동독은 하수터널에 일정 간격으로 여러개의 창살을 설치하고 기술을 보완함으로써 동독 주민의 탈출을 필사적으로 막으려고 했다. 1961년 8월에서 11월까지 적지 않은 수의 동독 주민이 하수터널을 이용해 서베를린으로 탈출했지만, 감시가 강화되고 탈출을 시도하다 비밀경찰에 의해 저지당하는 경우가 늘어나면서 하수터널을 이용해서 탈출하는 사람의 수가 점차 감소했다.

하수 처리 비용을 둘러싼 협상

동독이 하수터널의 경계 지점에 설치한 쇠창살 때문에 하수 터널로 버려지는 폐기물이 쇠창살에 걸려 터널이 막힐 수도 있었다. 그렇기 때문에 하수터널을 관리하는 기술자들은 터널을 정기적으로 청소해야만 했다. 손상된 하수터널을 보수하기 위해서라도 동독과 서베를린의 기술자들은 서로 협력해야 했다. 장벽 건설로 인해 오히려 동서 양쪽의 기술자들이 협업하게 되었다는 사실은 참으로 아이러니가 아닐 수 없다.

동독 당국이 서베를린 시정부에 하수 처리 비용을 청구한 것은 1967년이 되어서다. 이보다 앞서 서베를린과 동독은 통행증에 관한 협상을 진행하면서 장벽 건설로 인해 차단되었던 의사소통의 통로를 다시 열었다.

1967년 동독은 서베를린 시정부에 하수 처리 비용을 청구하면서, 그 비용을 아예 인상하려고 했다. 동독 정부 수리청과 서베를린 시정부 건설주택부가 협상을 진행했다. 1968년 동독 정부의 수리청이 서베를린 시정부 건설주택장관 앞으로 1961년 8월 13일 이후의 하수 처리 비용으로 최소 6800만 서독마르크를 요구하는 청구서를 보냈다. 서베를린 시정부가 예상했던 것보다 훨씬 많은 금액이었기 때문에 비용에 관한 논의가 순조롭게

3장 막을 수 없는 흐름

진행되지 않았다. 동독의 협상대표단은 비용 지불이 계속 지연될 경우 서베를린 하수의 유입을 거부하겠다고 엄포를 놓았지만, 실행 불가능하다는 것을 서로 잘 알고 있었기 때문에 협상이 결렬되지는 않았다.

하수 처리 문제를 둘러싼 동서베를린 간의 협상은 1968년 7월 31일 다음과 같은 내용으로 일단락되었다. 필요량만큼의 서베를린 하수를 동베를린으로 유입하는 것에 동의하고, 서베를린 측은 하수를 처리하는 비용으로 1천 세제곱미터당 73서독 마르크를 1968년 1월 1일부터 소급 적용하여 지불하기로 했다. 1961년부터 1967년까지 이루어진 하수 처리에 대해서는 일괄적으로 총 2100만 서독마르크를 동독 정부에 송금하기로 했다. 이 협상을 통해 서베를린의 하수 처리 문제를 해결하기 위한 기본적인 틀이 만들어졌다.

서베를린 시정부와 동독 정부 차원의 협상과 별개로 동베를린과 서베를린 배수공사의 실무자들 간 협업은 지속적으로 이루어졌다. 전문기술자들 간의 협력은 정치적인 협상과 달리 기술적인 문제에 대한 합리적이고 실용적인 논의가 주를 이루었다. 1961년 베를린장벽이 세워지기 전까지는 양측 배수공사 사장이 공식적으로 만나서 기술적 문제에 대한 해결 방안을 논의했다. 예를 들어 하수의 정체 현상을 방지하기 위해서는 창살이 설치된 하수도관을 정기적으로 청소해야 했으며, 기계장치가 고장 나서 수리해야 할 때도 양측 간 접촉과 협업이 불가피했다.

장벽 설치 이후에는 실무자 선에서 이런 기술적인 문제가 논의되었다. 동서독의 정치적 대립에도 불구하고 하수 처리와 관련한 문제는 양측이 함께 해결해야만 했기 때문에 협의가 지속된 것이다. 협력 과정에 참여했던 사람들의 증언에 따르면 기술적 협력을 위해 만난 이들은 항상 서로의 전문지식을 존중했고, 예의를 갖추고 정중하게 실무적인 문제를 논의했다고 한다. 그들 중에는 나중에 좋은 친구가 된 사람들도 있다.

베를린의 하수체계와 관련된 동서 간의 기술적 교류는 서베를린 시장이었던 브란트가 연방정부의 수상이 되면서 1970~80년대에 이르러 한층 확대되었다. 브란트는 할슈타인원칙을 포기하고 1960년대 초반부터 추구하던 대화와 교류를 바탕으로 하는 '신동방정책'을 대동독 정책의 기본원칙으로 내세웠다. 서베를린 시정부 건설주택부와 동독 교통부는 1973~74년에 걸친 수차례 협상을 통해 서베를린 하수 처리에 대한 새로운 합의문에 서명했고, 그후 1989년까지 세차례 새로운 협정을 체결했다. 그를 통해 동베를린의 하수정화시설에서 처리되는 서베를린 하수의 양과 비용이 새롭게 규정되었다.

한편 1948~49년의 베를린 봉쇄를 경험한 이후 서베를린은 장기적으로 동베를린에 대한 의존성을 줄이기 위한 전략을 세웠다. 특히 전력과 가스, 수도의 자체 공급 능력을 증대하고, 하수 정화시설을 증설해서 인프라망을 확충하기 위한 투자를 늘렸다. 특히 동베를린과의 협력에 절대적으로 의존할 수밖에 없었던 하수 처리 문제를 해결하기 위해 서베를린의 루레벤Ruhleben 과 마리엔펠데Marienfelde 지역에 하수정화시설을 만들었다. 각각 1963년과 1974년에 세워진 두 시설이 가동되면서 동독의 정화시설로 흘러드는 서베를린 하수의 양이 1989년까지 28.3퍼센트로 감소했다. 이는 서베를린으로부터 하수 처리 비용을 정기적으로 송금받았던 동독의 입장에서는 수입원이 점차 줄어드는 것을 의미했다.

경제적인 이유 때문에 동독에서는 정기적인 외화 수입원을 확보하는 것이 매우 중요한 과제였다. 동독 당국은 1973년의 협정에서 서베를린의 하수 처리를 통해 얻는 수입을 대체하기 위한 방법으로 서베를린의 쓰레기를 처리해주고 그 비용을 받기로 했다. 서베를린은 그때까지 대부분의 쓰레기를 자체적으로 처리할 수 있었지만 경제성장과 함께 폭발적으로 증가하는 쓰레기의 양을 더이상 자체적으로 소각할 수 없게 되었다. 동독은 서베를린의 쓰레기를 매립해주는 대가로 1세제곱미터당 4서독 마르크를 받기로 했다. 당시 서베를린의 쓰레기 소각장에서 처리할 때 소요되는 비용이 12서독마르크였기 때문에 서베를린 시정부로서도 동독의 매립지를 활용하는 것이 훨씬 더 경제적이었다. 물론 1970년대에 독일에서 환경문제에 대한 의식이 아직 높지 않았기 때문에 가능한 일이었다.

지상의 연결망, 대중교통

19세기 후반 이후 고속성장을 한 베를린은 1940년대에 이르러 연간 이용객 수가 3억명을 넘을 정도로 대중교통체계가 잘 발전된 도시가 되었다. 도시철도S-Bahn와 지하철, 시내버스와 전차의 노선이 서로 잘 연계되어서 시민들은 대중교통을 이용해 시내와 교외의 대부분 지역에 갈 수 있었다. 도시철도는 1934~38년까지 3500대가 베를린 내에서 운행되면서 하루에 약 120만명의 승객을 운송할 정도로 중요한 대중교통수단이었다. 그러나 대중교통은 그 연결망의 규모가 아무리 광범위해도 지하우편수송관의 사례와 마찬가지로 정치적 의지에 따라 비교적 신속하게 차단될 수 있는 시설이었다. 그럼에도 불구하고 베를린의 교통 연결망이 분단과 동시에 완전히 차단되지 않았던 이유는 무엇보다 베를린 내에서 자유로운 교통과 노동시장을 보장하기로 한 승전연합국의 합의 때문이었다.

1945년 5월 종전과 함께 베를린을 점령한 소련은 곧바로 전쟁으로 인해 파괴된 베를린의 대중교통체계를 복구하는 작업에 착수했다. 그 결과 종전 2주 후부터는 전차가 운행되기 시작했고, 1945년 말경에는 지하철 노선도 거의 복구되었다. 당시 베를린의 대중교통은 이미 100년이 넘는 긴 역사를 가지고 있었다.

1838년 베를린과 포츠담 사이를 연결하는 철도가 처음 건설된 이후 베를린과 독일의 각 도시를 연결하는 철도들이 먼저 완공되었다. 그때까지 베를린 시내에서는 마차가 주요 교통수단이었다. 그러나 베를린과 각 도시를 연결하는 철도의 종착역이 하나로 통일되지 않고 시내의 여러 지역에 나뉘어 있었기 때문에 화물과 여객을 운송하는 데 여러 문제가 발생했다. 이를 해결하기 위해 1851년 베를린 시내의 여러 역들을 연결하는 철도 공사가 시작되었고, 1877년 총길이 36킬로미터의 도시철도 순환선이 완공되었다. 도시철도는 1891년 연간 승객수가 3100만명에 달할 정도로 중요한 교통수단이 되었다.

한편 1881년 에른스트 폰 지멘스Ernst Werner von Siemens가 전기로 운행되는 전차를 처음으로 선보인 후, 전차는 그때까지 베를린 시내를 운행하던 마차를 대신하는 가장 중요한 교통수단이

1930년대 알렉산더 광장의 번화한 모습. 전차와 자동차, 행인으로
붐비는 베를린의 중심가였다.

되었다. 베를린에서 '트람'이라 불리는 전차를 발명한 공로로 지멘스는 프로이센 왕으로부터 귀족작위를 받았다. 그는 우리에게도 잘 알려진 지멘스 회사의 창립자다. 20세기 초에는 지상의 노선을 운행하는 지상철이 도입되었다. 지상철은 지하철 1호선이 지나가는 크로이츠베르크 지역 일부 구간에 지금까지도 남아 있다.

　베를린의 지하철과 시내버스, 전차는 1928년까지만 해도 각기 다른 민간회사가 운영했다. 이 회사들이 서로 더 많은 승객을 유치하기 위해 경쟁하면서 대중교통의 가격체계에 많은 혼선이 일어났다. 이 문제를 해결하기 위해 당시 베를린 시정부 교통장관이었던 에른스트 로이터는 먼저 베를린 내의 요금을 20페니히로 통합하고 환승을 보장하라고 요구했다. 1928년 그는 시정부의 이름으로 이 민간회사들의 지분을 매입해서, 베를린교통공사BVG를 발족시켰다. 철도와 도시철도는 이미 1924년에 설립된 독일제국철도에 의해 운영되고 있었다. 로이터 교통장관은 시민들을 위한 대중교통체계를 구축하는 것을 정책 목표로 내세우고 막대한 재정을 투입해서 신속하게 지하철 노선을 확장했다. 이층버스도 이 시기에 도입되었다.

　전쟁으로 인해 베를린의 대중교통체계가 크게 파괴되었지만, 1945년 5월 20일부터 베를린 외곽의 전차가 운행되기 시작했다.

승전연합국은 소련이 독일제국철도의 운영권을 인수하는 것에 동의했다. 반면에 베를린교통공사는 4대 승전연합국의 공동 관리하에 놓이게 되었다. 1945년 말까지 328킬로미터의 전차 노선을 비롯해서 지하철을 포함한 대중교통체계가 대부분 복원되었다.

동서베를린의 협업으로 굴러간 대중교통

1948년 6월 소련과 서방연합국이 각자 화폐개혁을 단행하고 베를린에 두개의 화폐가 통용되면서 베를린 전체를 운행하던 대중교통의 요금체계에 혼선이 생겼다. 소련은 동베를린에서 동독 화폐만 허용했지만, 서방연합국은 1949년 3월까지 동독과 서독의 화폐 모두 허용했다. 역무원들은 서방연합국이 점령한 지역에서는 서독마르크와 동독마르크로 요금을 받고, 소련군 점령지역에서는 서독마르크의 사용이 금지되었기 때문에 각별히 주의를 기울여야만 했다. 동독의 통화가치가 낮았기 때문에 서베를린 주민 중에는 동독 화폐로 승차권을 구매하는 이들이 적지 않았다. 전쟁 후 녹록지 않은 생활을 꾸려가던 대부분의 주민들에게는 한푼이라도 아쉬운 시기였다.

1948~49년 베를린 봉쇄 기간 동안에는 전력 공급이 부족해 서베를린 구역에서는 대중교통 운행이 오후 6시에 조기 종료되었다. 그러나 베를린 전역을 연결하는 대중교통수단들은 차단되지 않았다. 네개의 점령지를 모두 지나는 도시철도도 1961년 장벽이 세워지기 전까지 계속 운행되었다. 1961년까지 베를린 전역을 운행하던 대중교통은 매일 경계를 넘어 통근하는 사람들을 실어 날랐다.

하루에 약 50만명이 동베를린과 서베를린의 경계를 넘어 왕래했다. 물론 동독을 탈출하려는 사람들도 경찰의 심문에 걸리지만 않으면 베를린의 대중교통을 통해 서베를린으로 넘어갈 수 있었다.

도시철도를 관리 및 운영하던 독일제국철도는 1945년 서방연합국과의 합의하에 소련에 의해 인수된 후 1949년 동독의 국영기업으로 전환되었다. 독일제국철도에 근무하는 직원들 중에는 서베를린에서 근무할 뿐만 아니라 주거지가 서베를린인 사람도 적지 않았다. 이들은 계속 동독 수준의 급여를 지급받았다. 경제성장과 함께 서베를린의 생활비, 임대료가 계속 높아져서 생활이 어려워지고, 1950년대 서베를린 주민들 사이에 동독에 대한 적대감이 상승하면서 서베를린에 거주하는 독일제국철도 직원의 수는 급격히 감소했다. 이들은 사실상 동독인과 서독인 사이에 끼인 존재였다. 동독에서는 이들 존재에 대해 침묵한 반면, 서베를린 사람들은 이들을 '사통당의 제5중대'라고 불렀다.

한편, 베를린 봉쇄에도 불구하고 여전히 단일기구로 유지되던 베를린교통공사는 1949년 8월 두개로 분리되었다. 그러나 베를린 전역을 운행하던 대중교통 노선까지 분리하지는 않았다. 그와 관련한 세부적인 내용은 계약을 통해 규정되었다. 서베를린에서 출발해서 동베를린을 거쳐 서베를린의 종착역으로 가는 지하철 노선은 서베를린교통공사가 운영하되, 동베를린에 있는 시설은 동베를린교통공사가 관리하기로 했다. 동베를린 지역을 530미터만 통과하는 지하철 노선만 예외적으로 서베를린교통공사가 모두 관리하기로 했다. 지하철의 신호와 전력 공급, 통신을 담당하는 전기국은 우선 서베를린교통공사에서 전체적으로 관리하기로 했다. 이를 위해 소요되는 비용은 동베를린과 서베를린의 시정부가 운영하는 수도, 가스, 전기 요금 등 다른 비용과 합산해서 함께 조정하기로 결정했다.

두 교통공사는 나아가 베를린 전역을 아우르는 대중교통 노선과 운행 계획 전반에 대해 함께 논의하기로 했다. 전차, 지하철, 버스 등의 정비 장소, 검표원과 운전기사 직업교육에 대한 새로운 규정도 함께 도입했다. 일종의 업무 분담도 이루어져서 검표원 직업교육은 서베를린의 교통공사가, 운전기사 직업교육은 동베를린의 교통공사가 담당하기로 했다. 모든 협의는 실무 차원에서 비공식적으로 이루어졌고 규정은 암묵적으로 지켜졌다. 그러나 양측 교통공사의 협업은 오래가지 못했다.

동서를 잇는 철도 노선이 차단되다

1950년 10월 동독 당국은 서독과의 국경을 차단하면서 서베를린 주민이 베를린을 둘러싼 동독 지역으로 출입하는 것을 금지했다. 그와 함께 서베를린 시내와 주변의 외곽 지역을 이어주는 구간의 버스와 전차 운행을 중단시켰다. 1953년 1월에는 베를린 시내의 동서 지역을 연결하던 전차 운행도 중단되었다. 그 이유는 동베를린교통공사가 여성을 전차 운전수로 고용한 것에 대해 서베를린 당국이 도발적인 행위라고 비난하며 공동으로 전차 노선을 운영할 수 없다고 통보했기 때문이다. 당시 동독에서는 여성들이 이미 활발하게 경제활동에 참여하고 있었다. 전쟁에 나간 남성들을 대신해서 공장을 가동하고, 전쟁의 폐허에서 도시를 재건하는 과정에서 중추적인 역할을 한 베를린의 여성들이 전차를 운전하는 것이 이상한 일은 아니었다. 반면에 서독에서는 가정주부가 직업을 가지려면 남편이 동의한다는 확인

서를 제출해야만 할 정도로 여성의 권리가 법적으로도 제한되어 있었다. 그렇기 때문에 서베를린의 남성 엘리트들이 동베를린의 전철을 여성이 운전하는 것을 도발적인 행위로 간주한 것이다. 그 결과 베를린의 주민들은 동베를린 마지막 정거장에서 하차한 뒤 서베를린 쪽의 정거장까지 걸어가서 같은 노선의 전차를 타고 가는 불편을 감수해야만 했다.

1950년대 동베를린에서는 새로이 형성되던 교외 주거지역까지 도시철도가 건설되었다. 반면에 서베를린 시정부는 지하철 노선의 확장에 주력했다. 기존에 있었던 지하철 노선의 대부분이 서베를린에 있었던 것도 하나의 이유였지만 무엇보다 독일제국철도가 운영하는 도시철도를 신뢰하지 않았던 것도 중요한 이유였다. 동독이 베를린장벽을 세우면서 서베를린 측의 우려가 기우가 아니었다는 것이 분명해졌다.

1961년 8월 13일 자정을 기해 베를린을 순환하던 도시철도가 중단되었다. 당시 독일제국철도에서 근무하던 사람들도 철도 운행이 중단될 것이라는 사실을 몰랐다고 한다. 베를린장벽의 건설 작전 자체가 울브리히트, 에리히 호네커^{Erich Honecker}를 중심으로 하는 소수의 최고지도자들에 의해서 결정되고 실행에 옮겨졌다는 사실을 보면 철도청에 근무하던 사람들이 그런 정보를 알지 못했다는 사실이 놀라운 일은 아니다. 12일 자정 직전부터 13일 새벽까지 동베를린의 프리드리히슈트라세역에서는 마치 한편의 첩보영화와 같은 장면이 연출되었다고 당시 역에서 근무했던 사람들은 전한다.

프리드리히슈트라세역은 도시철도의 동쪽 경계 지점에 있는 역이다. 이 역의 서쪽 경계에 있는 선로를 통해 서베를린으로 향하는 열차의 운행이 조정된다. 1961년 8월 12일 자정 직전에 이 역의 역무원은 봉인된 봉투와 함께 동독 교통부장관으로부터 지시를 받았다. 8월 12일은 토요일이었다. 주말에는 야간에도 도시철도가 5분 간격으로 운행되고 있어서 역 안은 매우 붐비는 상황이었다.

봉투에는 '0시를 기해서 도시철도를 서베를린으로 보내지 말라'는 명령서가 들어 있었다. 역무원에게 편지봉투를 전달한 두 사람은 그 명령을 실행에 옮길 것을 요구했고, 역무원은 서베를린으로 향하는 철도 노선의 신호를 '멈춤'으로 변경했다. 그 시각 프리드리히슈트라세역의 플랫폼에는 두대의 도시철도가 서베를린으로 출발하려고 기다리고 있었다. 두대의 서베를린행 열차가 출발하지 못하게 되자 동베를린역에서 프리드리히슈트라세역으로 들어오는 모든 노선이 마비될 수밖에 없었다. 플랫폼에 서 있던 두대의 열차를 돌려서 다른 쪽으로 떠나게 할 수 있는 노선 변경 장치도 없었다.

통일 직후 프리드리히슈트라세역의 모습. 통일 이전에 이 역은 동
베를린에 위치해 있었는데 슈프레강이 굽어지는 지역을 지나면
바로 서베를린이었다.

그사이 23시 34분에 동베를린 교외에서 출발해 0시 53분에 서베를린의 남쪽에 있는 반제Wannsee에 도착해야 하는 도시철도가 역으로 들어오다가 진입을 멈추었다. 이 열차를 운전하던 기관사는 경적을 울리면서 진입을 알렸지만 역무원은 아무런 답도 보내지 못했다. 기관사가 노선 전화로 설명을 요구했지만 역무원은 정확한 설명을 해줄 수 없었다. 그 자신도 아는 바가 전혀 없었기 때문이다. 전달받은 명령서에는 교통 통제에 관한 구체적 설명이 없었다. 역무원은 계속해서 상관에게 전화를 걸었지만 상관 역시 전화를 받지 않았다. 서베를린의 샤를로텐부르크Charlottenburg역과 초Zoo역에서는 도시철도가 왜 도착하지 않는지 문의하는 전화를 계속 해댔다. 역무원에게 봉투를 가져다준 사람은 모든 전화에 대한 응답을 하지 말라고 지시하고서는 정작 자신은 어디론가 열심히 전화를 해대고 있었다. 하지만 그 시각 반대 노선의 운행은 순조로웠다. 서베를린을 출발해 동베를린으로 들어오는 열차들은 아무런 문제 없이 프리드리히슈트라세역으로 진입할 수 있었다. 동서 간 갈등으로 열차 운행이 멈춘 순간이었지만 동으로 향하는 열차에 타고 있던 승객들은 아무것도 모르는 채 장벽을 넘어간 것이다.

13일 새벽 프리드리히슈트라세역의 플랫폼에는 서베를린으로 가려는 승객 수백명이 도시철도를 기다리고 있었다. 그리고 마침내 5시경에 서베를린 주민을 태운 도시철도는 서베를린으로 출발할 수 있었다. 그 열차가 서쪽으로 가는 마지막 열차였다. 그날 바로 프리드리히슈트라세역에서 동베를린과 서베를린을 연결하던 모든 노선을 차단하는 공사가 이루어졌고, 그후 28년간 도시철도는 동베를린과 서베를린을 연결하지 못했던 것이다. 독일통일이 오기까지 동베를린과 서베를린의 도시철도 노선은 별도로 운행되어야 했다.

장벽 건설과 함께 동서베를린이 완전히 분단되면서 프리드리히슈트라세역은 국경역이 되었다. 서베를린으로 가는 사람은 이제 출국 수속과 검색대를 통과해야만 했다. 출국 수속과 검색은 유리로 만들어진 이 역의 대합실에서 이루어졌다. 역의 플랫폼에는 출국 수속과 검색을 마치고 기차를 탈 승객만 입장할 수 있었다. 서독과 서베를린에서 온 방문자를 배웅하러 온 동독 주민들은 이 대합실까지만 들어갈 수 있었다. 서독 함부르크에서 태어나 한살 때 아버지와 함께 동독으로 이주해서 성장한 앙겔라 메르켈Angela Merkel 수상도 어렸을 때 해마다 자기 가족을 방문한 할머니를 배웅하기 위해 부모님과 프리드리히슈트라세역에 왔었다고 한다. 메르켈은 한 인터뷰에서 이 역에 얽힌 자신의 추억을 이야기하며, 해마다 할머니가 나이 드시는 것을 보면서 내년에는 할머니를 다시 볼 수 없을지도 모른다는 두려움에 슬

1983년 프리드리히슈트라세역 대합실의 외부(위)와 내부(아래) 모습. 이 대합실은 동독과 서독의 가족과 친척, 친구 들이 서로 울면서 이별하는 장소, '눈물의 궁전'이었다.

폼이 몰려오던 곳이었다고 말했다. 프리드리히슈트라세역의 대합실은 동독과 서독의 가족과 친척, 친구 들이 서로 울면서 이별하는 장소, '눈물의 궁전'이었다.

역과 터널이 폐쇄되다 '유령역'

장벽의 설치로 인해 베를린 대중교통의 노선이 동서로 분리되었지만, 지하철 중에서 서베를린 남쪽과 서베를린 북쪽 사이를 오가는 노선, 현재 U6, U8 노선과 도시철도 S1 노선은 동베를린 구역을 통과해야만 운행할 수 있었다. 동독 당국은 이 노선까지 차단하지는 않았다. 그러나 지하철과 도시철도가 통과하는 터널이 탈출을 위한 통로로 이용되는 것을 막기 위해 여러 조치가 취해졌다. 이 열차 차량들이 지나가는 지하철역의 입구는 모두 폐쇄되었다. 아무도 접근하지 못하도록 시멘트 벽을 치거나 몇겹의 잠금장치와 셔터가 내려졌다. 그럼에도 불구하고 누군가 지하터널까지 들어갈 경우를 대비해서 터널에도 자동경보장치가 설치되었다. 그리고 서베를린의 지하철과 도시철도가 동베를린 지역을 통과할 때에는 속도를 최대한 줄일 것을 요구했다. 일반적으로 시속 50~60킬로미터로 달리던 지하철과 도시철도가 시속 15~25킬로미터로 운행해야만 했다. 운행 중 동베를린의 지하철역에서 정차하는 것은 당연히 금지되었으며, 역 주변의 터널은 동독 인민경찰과 인민군이 철저히 감시했다. 또한 이 노선을 운행하는 지하철이 동베를린을 통과할 때는 항상 동독의 승무원이 동승했다. 승무원은 지하철이 동베를린 지역으로 진입하기 직전의 역에서 승차했다가 동베를린 지역을 통과한 다음 역에서 하차했다. 그리고 곧 반대편 방향에서 오는 지하철에 다시 승차했다.

1960년대 초반에는 동베를린 지역의 지하철역 플랫폼에 희미한 등이 켜져 있었고, 각 역을 국경수비대가 지켰다. 나중에는 국경수비대 대신 감시카메라가 달렸다. 그리고 각 역은 완전히 폐쇄되었다. 서베를린의 지하철과 도시철도는 전등도 켜지지 않은 어두운 터널과 폐쇄된 역들을 최대한 서행하며 지나가야만 했다. 서베를린 주민들은 이런 역들을 '유령역'이라고 불렀다. 하루 평균 9만 명의 서베를린 주민이 이런 유령역을 통과했다. 지금 우리에게는 아주 이상하게 들리겠지만, 당시 서베를린 사람들은 그런 유령역을 서행하며 지나가는 것을 아주 일상적인 것으로 받아들였기 때문에 어떤 특별한 감정을 느끼지 못했다고 한다.

물론 이토록 철저한 감시에도 불구하고 지하철 터널을 통해

서베를린의 지하철과 도시철도가 지나가던 동베를린 역들은 폐쇄되었고 '유령역'이라 불리게 되었다. 1987년 유령역이었던 운터덴린덴역(위)의 모습과 베를린의 유령역을 표시한 지하철 노선도(아래).

탈출을 시도하는 동독 주민들이 있었다. 그럼에도 불구하고 동독 당국은 서베를린의 지하철과 도시철도가 동베를린 지역을 통과하는 것을 한번도 금지하지 않았다. 그리고 동베를린은 서베를린교통공사로부터 지하철 노선 이용 명목으로 매년 220만 서독마르크를 받았다. 1970년대에 교통협정이 이루어지면서 동독은 이 비용을 인상했다.

서베를린의 '도시철도 불매운동'

장벽으로 인해 분리된 후 동베를린과 서베를린의 대중교통은 각기 다른 모습으로 발전했다. 서베를린에서는 도로 위를 주행하는 전차가 노후하자 통행에 방해가 되는 교통수단으로 간주되어 1967년 운행이 전면 중단되었다. 전차 노선을 없애고 대신 자동차가 다니기 적합한 도로를 건설하기 위해 많은 재원을 투자했다. 그에 따라 1950년대부터 대대적으로 확장되어온 지하철과 함께 시내버스가 주요 대중교통수단으로 발전했다. 환경 문제를 고려한다면 완전히 잘못된 결정이었다. 그러나 1960년대 자동차산업이 독일의 주력 산업으로 경제발전을 이끌고 있는 상황에서 자동차 도로를 건설하는 것은 산업정책에도 도움을 주는 좋은 결정으로 받아들여졌다. 반면 자금과 건축자재가 부족했던 동베를린에서는 지하철 노선이 확장되지 못하고 경제적으로 효율적인 전차 노선이 증설되었다. 동베를린에서는 1989년까지 한개의 지하철역이 추가로 건설되었을 뿐이고, 전차 이용이 지속적으로 증가했다. 당시 동베를린의 대중교통 이용객의 분포를 보면 절반은 전차, 약 10퍼센트는 버스, 그리고 약 38퍼센트는 도시철도와 지하철을 이용했다.

1961년 장벽 건설 직후에는 서베를린에서 동독의 국영기업인 독일제국철도가 운영하는 도시철도의 불매운동이 있었다. 당시 서베를린 시장이었던 브란트는 "도시철도의 서독 화폐 수익금이 철조망 구입에 쓰인다는 것은 용납할 수 없는 일"이라고 역설했다. 서독의 노조는 도시철도에 대한 보이콧을 호소했다. 당시 "도시철도를 이용하는 사람은 울브리히트 철조망에 돈을 지불하는 것이다"와 같은 표어들이 등장했고, 그 효과도 아주 컸다. 일주일 만에 서베를린 도시철도 일일 이용객이 약 50만명에서 10만여명으로 감소했다. 서베를린 도시철도 운행에 따르는 동독의 수익도 매년 3600만 서독마르크에서 700만 서독마르크로 대폭 감소했다. 한편 서베를린 주민들은 도시철도 불매운동에 동참하기 위해 시내버스를 이용했다. 그로 인해 서베를린의 시내버스 이용객이 급격히 증가하자 서독의 도시들이 '연대 버

베를린장벽 건설에 대한 항의로 1961년 도시철도 불매운동을
하고 있는 서베를린 시민들. "당신은 아직도 울브리히에게 서
독 돈을 지불하고 있는가?" "도시철도를 이용하는 서베를린 사
람은 철조망을 위한 돈을 지불하는 것이다" "우리의 도시철도
를 동독이 관리하는 것을 중단하라" 등의 구호를 볼 수 있다.

스'라고 이름 지은 버스를 서베를린으로 보내기도 했다.

이후 서베를린 주민들은 도시철도를 타는 것이 마치 위험하고 금지된 행위를 하는 것처럼 여기게 되었다. 나아가 도시철도는 가난한 사람이 타는 열차라는 편견도 정착되었다. 장벽 구축 전 대중교통의 22퍼센트 이상을 차지했던 서베를린 도시철도 이용객은 1970년에는 약 6퍼센트로 감소했다. 서베를린의 도시철도는 점점 아무도 타지 않는 그야말로 진짜 '유령열차'Geisterbahn가 되었다. 당연히 독일제국철도의 수익은 지속적으로 감소했다. 1970년대에 동독은 서베를린 시정부에 도시철도에 대한 재정지원을 요구했다. 하지만 서베를린 시정부는 이를 거부했다. 그후 도시철도를 서베를린의 대중교통망에 포함시키자는 구상이 본격적으로 논의되면서 1983년 12월 서베를린교통공사가 서베를린에 있는 독일제국철도 직원의 고용을 승계하는 조건으로 서베를린 도시철도의 운행권을 인수했다. 독일통일 이후 베를린 도시철도는 독일제국철도와 독일연방철도가 통합되어 탄생한 독일철도주식회사Deutsche Bahn AG로 흡수되었다.

다름을 인정하고 실용적으로 접근하다

서베를린에서 운행되었지만 동독 국영기업이었던 독일제국 철도가 운영하던 도시철도는 여러 어려움에도 불구하고 기술적인 문제를 해결하기 위해 동베를린과 서베를린 간의 접촉과 교류가 불가피하게 이루어진 곳이기도 했다. 서베를린의 교통체계를 제대로 관리하기 위해서는 문제를 함께 해결하고 경우에 따라 상황이 악화되는 것을 방지하는 것이 중요했기 때문이다. 철도 운행에서 발생하는 다양하고 잡다한 문제와 기술적 문제에 대처하기 위해서 기술자들과 역무원들이 지속적으로 접촉해야만 했다. 그렇기 때문에 서베를린과 동베를린의 교통 전문가들은 정치적 이념이나 세력 갈등과 관계없이, 냉전이 심화되는 시기에도 인명과 재산 피해를 예방하기 위해 실용적인 해결책을 함께 강구했다. 서베를린 시정부의 입장에서 보면 이러한 접촉이 법적으로 문제될 것이 없었지만, 동독 당국의 입장에서는 이러한 교류가 정부의 대서독 정책에 반하는 것이었다. 그러나 도시철도 운행의 안전과 직결된 문제 혹은 불가피한 이유가 존재하는 경우에는 동독 당국도 이를 허용할 수밖에 없었다.

서베를린 시정부가 주로 접촉한 기관은 독일제국철도 베를린 관리국 산하 '국립건축감독원'과 '국립철도감독원'이었다. 서독이 동독을 정상적인 주권국가로 인정하지 않는 상황에서 동독의 정부기관과 직접 접촉하는 것이 정치적으로 민감할 수 있기 때문에 서베를린 시정부가 기술 문제를 담당하는 전문기관과 교류한 것이다. 물론 두 기관 모두 동독 정부 산하기관이었기 때문에 사실상 동독의 국가기관과 접촉했다고 볼 수 있다. 그럼에도 불구하고 이 기관들이 독립적인 행위자로 활동했고 관련 업무가 기술평가에 한정되어 있었기 때문에, 서베를린 시정부는 이 기관의 지위가 중간적인 위치에 있다고 보고 교류한 것이다. 그러나 경우에 따라서는 서베를린 시정부와 동독의 독일제국철도 관리국이 직접 접촉할 때도 있었다. 특히 서베를린에 소재한 독일제국철도 건물의 내부 공사를 비롯해 1960년대 통행증협정과 관련된 기술적 협의, 서베를린 도시철도 옆에 도시 외곽 고속도로를 건설하는 것 등에 대한 논의는 두 기관 간의 직접적인 협의로 진행되었다.

서베를린 시정부는 독일제국철도와 교류할 때 주로 전문기술자를 협상 주체로 내세웠고, 동독 외무부의 직원이 파견될 경우에만 시정부 관계자를 동석시켰다. 나아가 독일제국철도가 원하는 것을 최대한 고려하여 재정적으로 지원하는 데 인색하지 않았다. 양측의 협상 주체들이 같은 언어를 공유했고, 서로 비슷한 직업교육을 받은 전문기술자들이었기 때문에 문제의 해결책을 찾기 위해 힘을 모으는 데 별 어려움이 없었다.

물론 서베를린 시정부와 동독 기관 간의 접촉이 순탄하기만 했던 것은 아니었다. 예를 들어, 동독은 서베를린 내 도시철도가 보유하고 있는 부지, 즉 독일제국철도의 소유지를 동독의 국유 재산으로 간주했기 때문에, 이에 대한 동독의 주권 행사가 가능하다는 입장을 고수했다. 1965년부터 서베를린 시정부가 도시철도 소유지에 건축 시공을 하려면 동독 교통부 혹은 그 위임자의 사전 서면 동의를 받아야만 한다고 주장했다. 이는 독일제국철도의 지위와 서베를린의 교통정책에 대한 서방연합국과 서베를린 시정부 측의 해석과 부합하지 않았다. 서베를린 쪽에서는 철도 연결편의 증설과 철도 부지 관리는 서베를린 시정부의 소관이라는 입장이었다.

서로의 입장이 첨예하게 대립함에도 불구하고 양측은 교류와 협상 자체를 중단하지는 않았다. 오히려 서로 견해 차이가 있다는 사실을 인정하고, 합의할 수 있는 실질적인 문제에 초점을 맞추고 협상을 진행했다. 정치적 이해가 대립하는 민감한 내용은 처음부터 협상 테이블에서 제외되었다. 이러한 협상 방식을 두고 독일의 학자들은 '다름을 인정하는 합의'Agree to disagree라고 부른다. 서로 입장 차이가 있다는 것을 인정하고 합의할 수 있는 사안에만 초점을 맞추어 구체적인 해결책을 찾아내는 교류 방식은 기술 전문가들 간의 회의에서도 적용되었다.

베를린은 정치적으로는 분단되었지만 사실상 완전히 분리된 적이 없었다. 적어도 형식적으로는 1945년에 베를린을 분할점령한 승전연합국이 공동으로 통치한다는 권한을 포기한 적이 없었다. 분단된 베를린에는 이미 19세기 이후 산업화된 대도시의 규모에 맞추어 발전된 인프라망이 구축되어 있었다. 이것을 동서로 완전히 차단하는 것이 불가능한 것은 아니었지만, 쉬운 일도 아니었다. 분리되지 않은 인프라망을 제대로 작동하기 위해서는 상호 접촉과 협업이 불가피했다. 이 과정에서 서베를린과 동독은 합리적이고 실용적인 접근 방법으로 문제를 풀기 위해 노력했고, 정치적으로 충돌할 수 있는 사안은 배제한 채 기술적 교류에 집중했다. 그렇게 함으로써 동독과 서독이 정치적으로 첨예하게 대립하던 시기에도 베를린에서는 교류와 협력이 이루어질 수 있었다. 누구도 협상을 깨면서까지 자신의 입장을 포기할 수 없다고 고집하지 않았다. 결국 협상에 임하는 당사자들의 합리적인 사고가 냉전 중에도 교류를 가능하게 만든 것이다.

BERLIN

장벽,
접근을
통한

변화의
시작

분단으로 인한 고통의 극복

    1961년 8월 13일 새벽에 이루어진 베를린장벽의 건설은 모두에게 충격이었다. 이미 1950년대 말에 서베를린을 통한 동독 탈출을 막기 위해 동독 당국이 베를린 시내의 통로를 막을 수도 있다는 소문이 돌았다. 서베를린의 시장이었던 브란트는 서독 연방의회에서 동독이 그런 짓을 할 것이라고 믿지 않는다고 말하기도 했다. 이처럼 서베를린과 서독에서는 이 소문이 실제 상황이 될 것이라고 예상한 사람이 많지 않았다. 그러나 동독 쪽의 상황은 달랐다. 1961년 6월 동독의 최고권력자였던 울브리히트가 아무도 장벽 건설을 생각하지 않는다고 말했지만 주민들은 믿지 않았다. 오히려 서베를린과의 경계가 완전히 차단될 수도 있다는 우려 때문에 탈출을 계획하던 사람들은 더욱 신속하게 실행에 옮기기도 했다.

　동베를린에서 도시철도를 타고 가다가 서베를린 역에 내릴 때까지 국경수비대의 심문에 걸리지만 않으면 탈출에 성공하는 것이었다. 그렇기 때문에 1950년대에 동독 탈출자들은 많은 경우 서베를린을 거쳐 서독으로 갔다. 라인강의 기적을 일으킨 서독 경제는 계속 발전했고, 서베를린에서도 그런 경제발전의 성과를 볼 수 있었다. 서독은 보다 나은 풍요로운 삶을 꿈꾸는 동독의 젊은이들이 살고 싶어하는 곳이 되었다. 1950년대 경제가 급속하게 발전하면서 서독의 노동시장은 전쟁 피난민과 동독 탈출자를 흡수하고도 인력이 모자라서 남부 유럽에서 노동력을 수입했다. 한국과 일본에서까지 노동력을 구해 오던 시기였다.

　동독을 탈출한 사람들은 대부분 그날을 생생하게 기억하고 있다. 2009년 베를린의 마리엔펠데에 있는 '난민임시수용소'는 장벽 건설 이전에 도시철도를 이용해 서베를린으로 탈출한 사람들의 이야기를 들려주는 전시회를 개최했다. 도시철도 순환선을 타고 서베를린으로 가면서 심문에 걸리지 않기 위해 태연한 척하는 연습을 했다는 이야기, 큰 가방을 들고 있으면 걸릴까봐 작은 배낭을 메고 놀러 가는 사람으로 보이려고 했다는 이야기 등 다양한 사연이 전시되었다. 1961년 8월 초에도 1500명의 동독 주민이 도시철도를 이용해서 서베를린으로 탈출했다.

장벽 건설을 둘러싼 정치적 대결

1961년 8월 12일 서독 연방의회 총선거의 선거운동이 시작되었다. 당시 연설에서 사민당의 수상 후보인 서베를린 시장 브란트는 8월 1일부터 12일까지 1만 7천명의 동독 탈출자가 서베를린으로 왔고, 12일 하루에만 3천명이 왔다고 설명했다. 그는 전쟁이 종결된 지 16년이 지났는데 같은 나라 안에서 '난민'이 생기는 이유가 무엇인지, 무엇이 동독 주민들을 작은 가방 하나만 들고 추적자의 눈을 피해 탈출하도록 만드는지 물었다. 그 이유는 동독에 사는 주민들이 소련을 믿지 못하고, 철의 장막에 갇혀 거대한 감옥에 수감된 사람처럼 살 수도 있다는 두려움 때문이라고 했다. 그렇게 세상으로부터 잊히고, 희생될 수도 있다는 우려 때문에 동독을 떠나려 한다고 말이다. 브란트는 특유의 감성적인 연설로 모든 난민은 독일 국민이 전쟁이 끝난 지 16년이 된 후에도 현상에 안주하지 않고, 외부 세력에 의해 자신의 운명이 짓밟히는 것을 용납하지 않는다는 것을 보여주는 증거라고 역설했다.

전후 약 300만명의, 특히 젊은 전문인력이 동독을 떠나 서독으로 갔다. 그들은 동독의 경제발전에 필요한 사람들이었다. 1961년 동독 당국이 베를린장벽을 세우기로 결정한 궁극적인 이유는 이들이 서독으로 가는 것을 막기 위해서였다. 서베를린을 포위하기 위해서가 아니라 동독 사람들을 가두기 위해서 장벽이 만들어진 것이다. 서베를린 전체가 거대한 콘크리트 장벽으로 둘러싸인 채 주변과 격리되었다. 베를린의 주민들은 1949년 정치와 행정이 분단된 후에도 동서 지역 간의 경계를 왕래해왔기 때문에 장벽이 세워지는 것을 비정상적인 것으로 받아들였다.

1961년 8월 13일은 일요일이었다. 그날 베를린의 경계 지역 곳곳에서 영화의 한 장면과 같은 일들이 일어났다. 휴일 아침에 일어난 동베를린의 주민들이 밤사이에 철조망이 둘러쳐진 경계로 모여들었고, 그중에는 탈출할 기회를 엿보는 사람들도 있었다. 철조망의 반대편 거리 저쪽에서 구경하던 서베를린 사람들도 있었다. 그들은 경계병의 감시가 소홀한 틈을 타 철조망을 뜯고 뛰어오는 동베를린 사람들을 박수와 환호로 맞아주었다. 급하게 뛰어온 경비병들이 뜯긴 철조망을 다시 세우고, 철조망 건너편에 남은 사람들을 해산시켰다.

8월 13일 서베를린 시의회의 특별회의에서 브란트는 소수의 지도자들이 자신의 국민을 가두기 위해 철조망을 치고, 죽음의 경계선을 만들고, 감시탑을 세우는 것은 강제수용소를 만드는 일이라고 비난했다. 그는 앞으로 전세계 사람들을 더 많이 베를

1961년 8월 베를린장벽이 세워
지고 동서베를린 경계지역 곳곳
에 철조망이 둘러쳐졌다. 동베를
린(위)과 서베를린(아래)의 시민
들이 베르나우어 거리에 모여들
어 밤사이 둘러쳐진 철조망을 관찰
하고 있다.

린으로 불러 지상낙원을 약속한 동독체제의 잔인하고 폭력적인 민낯을 그대로 보여주겠다고 다짐했다. 브란트는 연방정부가 서방연합국을 통해 동독이 장벽을 해체하도록 압력을 넣고, 이를 관철시키기 위해 강력한 조치를 취할 것을 요구했다. 그러나 당시 연방정부의 수상이었던 아데나워에게 브란트는 서베를린 시장이기 이전에 사민당 수상 후보였고, 자신의 경쟁자였다. 아데나워 측에서는 연방의회 선거전이 이미 시작된 상황에서 경쟁자를 공격하는 것에 집중했다. 그리고 연방정부는 예측할 수 없는 일이 일어날 수도 있다는 이유로 아무런 조치도 취하지 않기로 결정했다.

한편 미국의 국무장관 데이비드 러스크David D. Rusk는 케네디 대통령과 상의해 13일에 발표한 성명을 통해 베를린장벽 설치는 동독과 동베를린의 주민들에게만 해당되는 조치이며, 서방연합국의 지위나 서베를린으로 향하는 통로를 차단하는 것이 아니기 때문에 큰 문제가 될 것이 없다고 발표했다. 단지 베를린 내에서의 교통이 제한되는 것만 1949년 4개국이 합의한 것에 반한다는 이유로 시정할 것을 요구했을 뿐이다.

워싱턴에서는 소련과의 긴장 관계가 악화되고 있는 상황에서 베를린장벽 건설에 대응할 수 있는 방안은 전쟁밖에 없다고 분석했다. 소련과의 전쟁은 절대로 피해야만 한다는 합의가 있었기 때문에 전쟁은 실질적인 해결책이 될 수 없었고, 결국 장벽 건설에 대응하는 별다른 조치를 취하지 않기로 결정했다. 영국과 프랑스도 미국과 입장을 같이했다.

8월 14일에 열린 특별회의에서 서베를린 시장으로서 브란트는 시정부가 실제로 할 수 있는 일이 지극히 제한되어 있다는 것을 수긍해야만 했다. 그는 8월 16일에 노동조합이 조직한 대중집회에 참석해서 동베를린의 당 간부와 인민군 장교, 군인 들에게 인간이기를 포기하지 말고, 같은 독일 사람에게 총을 겨누지 말라고 호소했다. 나아가 미국 대통령에게 편지를 보내 베를린의 시민들은 빈말이 아니라 서방세계가 분명하게 행동해주기를 기다리고 있다고 전달했다고 시민들에게 말했다. 서베를린 시민들의 사기가 자유세계의 의지에 달려 있다고도 했다.

8월 14일 선거운동 중에 아데나워 수상은 장벽 건설에 대한 항의 차원에서 동독과의 내독교역을 중단하는 것을 고려 중이라고 자신의 지지자들에게 언급했다. 8월 15일 동독 내각위원회는 만일 서독이 내독교역을 중단하면 서베를린으로 향하는 모든 길을 차단할 것이라고 위협했다. 서독 연방정부는 결국 아무런 조치를 취하지 않았다.

서독의 언론은 서방연합국이 베를린장벽 건설에 아무런 대응을 하지 않는 것과 관련해 아데나워 수상이 그렇게 강조해온 서방으로의 통합의 결과가 이런 것이냐고 비난했다. 주요 일간지인 『프랑크푸르터 알게마이네 차이퉁』*Frankfurter Allgemeine Zeitung*은 8월 16일자 사설에서 세계 강대국들이 세계전쟁을 피하기 위해 독일에 얼마나 더 많은 희생을 강요하려고 하는지 물었다. 같은 날 『프랑크푸르터 룬트샤우』*Frankfurter Rundschau*는 베를린 시민들이 그때까지 서방연합국이 특별히 가까운 우방이라고 믿고 있었는데 장벽 건설에 대한 반응을 보면서 베를린은 서방 강대국 정치의 대상이었을 뿐이라는 것을 알게 되었다고 썼다. 그리고 서방연합국들이 세계평화를 유지하는 대가로 독일의 분단을 기정사실로 만들려고 하는 흐루쇼프의 요구를 들어줄 의향을 보여주는 참혹한 현실에 직면하게 되었다고 한탄했다. 서독에서 발행 부수가 가장 많은 일간지 『빌트』*BILD*는 8월 16일자 신문에서 "동쪽은 행동하는데 서쪽에서는 무엇을 하나? 서쪽은 아무것도 하지 않는다! 미국 대통령 케네디는 침묵하고… 맥밀런은 사냥 가고… 그리고 아데나워는 브란트를 욕한다"라는 제목으로 일면 헤드라인 기사를 내보냈다.

8월 31일 미국의 CIA는 베를린 위기에서 미국이 취할 수 있는 조치에 대한 반응을 비밀리에 분석했다. 미국이 베를린 문제로 소련과 중국에 대한 해상봉쇄를 단행할 경우 베를린으로 가는 모든 통로가 차단될 수 있기 때문에 그러한 조치를 취하기 어렵다고 보았다. 더욱이 그런 조치를 취하면 미국과 서방연합이 국제사회에서 고립될 수 있고 국제연합UN의 비난을 각오해야 할 것이라고 했다. 이 분석 보고서에서는 베를린장벽과 관련해 서방측이 군사적으로 취할 수 있는 조치는 원자폭탄을 사용하는 것 외에는 없다는 결론을 내렸다. 그것은 세계전쟁을 의미했고, 실질적인 대안이 아니었다.

서독 연방정부와 서방연합국이 베를린의 시내 경계에 쳐진 철조망에 대해 아무 대응도 하지 않는 사이에 동독은 8월 17일부터 철조망을 시멘트벽돌로 바꾸고, 이어 콘크리트 장벽으로 대체했다. 아데나워 수상이 서베를린을 방문한 것은 8월 22일이었다. 서독 연방정부 수상보다 먼저 존슨 미국 부통령이 8월 19일 서베를린의 장벽 현장을 방문했다. 아데나워 수상은 9월 17일 연방의회 선거가 끝날 때까지 베를린장벽 건설 과정에서 신속하게 대처하지 못했다는 비난을 받았다. 선거 결과 브란트가 수상 후보로 나온 사민당이 아데나워의 기독교민주연합CDU, 이후 기민당보다 더 많은 표를 받았고, 기민당은 자매당인 기독교사회연합CSU, 자민당과 함께 연립정부를 구성했다.

장벽의 희생자와 고통을 기록하다

　동베를린 인민경찰은 8월 13일부터 장벽 건설에 대해 동베를린 주민들이 어떻게 반응하는지 아주 자세하게 기록해 보고했다. 이 보고서를 통해 우리는 동베를린 주민들이 얼마나 많이 분노하고 항의했는지 잘 알 수 있다. 13일 새벽부터 거리에 모인 주민들이 당지도자들을 비판한다거나, 주유소 주인이 인민경찰 차량에 주유하는 것을 거부했다는 보고가 올라왔다. 13일 새벽 4시경 어디에선가 총소리가 울리자 모두 긴장했지만, 사냥꾼이 토끼사냥을 위해 쏜 총소리였다는 보고가 5시경 올라왔다. 철조망 장벽 주변에 서 있다가 경계가 소홀한 틈을 타 철조망을 뜯고 서베를린으로 탈출하는 사람들도 있었다. 철조망을 경계하던 인민경찰이 서베를린으로 탈출하는 경우도 있었다. 열아홉 살의 인민경찰 콘라트 슈만Conrad Schumann이 철조망을 뛰어넘는 순간을 포착한 역사적인 사진 「자유를 향한 도약」이 나온 것은 8월 15일이었다.

　많은 사람들이 장벽을 넘어 탈출에 성공했지만, 탈출에 성공하지 못하고 목숨을 잃는 사람들이 생기기 시작했다. 건물 자체는 동베를린 쪽이고, 집 앞 보도는 서베를린에 속하는 베르나우어 거리의 한 주택 4층에서 길 쪽으로 뛰어내리던 여성이 8월

'자유를 향한 도약'이라는 제목으로 세계적으로 유명해진 이 사진은 1961년 8월 15일 동베를린의 인민경찰 콘라트 슈만이 철조망을 뛰어넘는 순간을 찍은 것이다. 사진기자 페터 라이빙(Peter Leibing)은 철조망의 높이를 점검하던 슈만이 주변의 서베를린 주민에게 철조망을 뛰어넘을 것이라는 암시를 주었다는 이야기를 듣고 카메라를 켜놓고 기다리고 있다가 이 사진을 찍었다.

22일에 사망했다. 그리고 24일에는 동베를린을 탈출하던 한 청년이 경찰의 총격으로 사망했다. 25일에 서베를린으로 탈출한 인민경찰들의 증언에 따르면 13일 이후 탈출하는 사람에 대한 총격 명령이 내려졌다고 한다.

브란트는 8월 18일 연방의회 연설을 통해 베를린에서 벌어지고 있는 인권침해를 UN에서 다루어줄 것을 서방국가들에 요구했다. 또한 베를린에서 말할 수 없이 비극적인 일이 일어나고 있다는 것을 국제사회에 알리고, 비판해달라고 했다. 그는 전쟁이 날 경우에만 UN에 안건을 상정하겠다고 기다리는 것은 말이 되지 않으며, 베를린의 상황은 당장 국제사회의 행동을 필요로 한다고 호소했다.

그러나 브란트 시장 자신도 국제사회가 금방 움직이지 않을 뿐만 아니라, 동독 당국에 의한 폭력을 당장 막을 수도 없고, 인권침해와 같은 불법적인 행동을 처벌할 수도 없다는 사실을 잘 알고 있었다. 그럼에도 불구하고 무엇이든 할 수 있는 방법을 찾던 그는 1961년 9월 5일 서독 연방주의 총리들에게 장벽에서 일어나는 모든 인권침해 사례들을 기록하자고 제안했다. 분단으로 인해 동독 주민들이 겪어야만 하는 고통을 감소시켜줄 수는 없겠지만, 적어도 그것을 모두 기록해서 기억할 수 있게 만들어야 한다는 발상이었다. 당시 서독에는 나치의 범죄를 기록하기

1961년 8월 25일 동베를린의 주민이 서베를린 쪽으로 난 창문을 통해 탈출하려고 시도하자 동독의 인민경찰은 그녀를 끌어 올리려 하고, 서베를린 쪽 거리에 서 있던 주민들은 밑에서 그녀를 받으려 하고 있다.

위해 연방주들이 함께 세운 주법행정 중앙사무국과 같이 유사한 역할을 하는 기구가 있었다. 브란트는 이 기구가 동독의 인권침해 사례도 기록하는 임무를 담당할 수 있을 것이라고 생각했다.

1961년 10월 27일 열린 서독 연방주의 법무장관회의에서 브란트가 제안한 기구를 신설하기로 결정하고, 서독 연방주 중에서 동독과의 국경선이 가장 긴 니더작센주가 그 업무를 담당하기로 합의했다. 이 기구는 국경에서 가까운 도시 잘츠기터 Salzgitter에 설치되어 11월 24일부터 업무를 시작했다. 이 기구가 최초로 담당한 업무에는 베를린장벽의 탈출자들이 총격으로 사망하게 된 사건들도 포함되었다.

'잘츠기터 중앙인권침해기록보관소'라고 일반적으로 알려진 이 기구는 동독 내에서 일어난 모든 종류의 정치적 불법행위를 기록했다. 정치범 조사 과정과 수감 중에 발생하는 인권침해, 고문, 협박 등이 모두 포함되었다. 언젠가 이러한 행위를 주도한 책임자들을 처벌하기 위한 형사소송이 진행될 경우 여기서 조사해 모은 자료를 증거로 사용하고자 했다. 당시는 그런 날이 오리라고 꿈꾸는 것조차 허황된 이야기로 들릴 때였다.

브란트의 주도로 설치된 잘츠기터 기록보관소는 동독에서도 잘 알려진 상징적인 기구가 되었다. 동독에서 정치범으로 수감

되었던 사람들은 이 기구가 동독 국가기관의 행위자들이 마음대로 인권을 침해하는 것을 제한하는 역할을 했다고 이야기한다. 동독의 교도관들이 정치범으로 체포된 수감자들에게 가혹행위를 하면 잘츠기터에 이름을 알릴 것이라고 항의한 경우도 있다고 잘츠기터 기록보관소의 마지막 소장이었던 한스유르겐 그라제만Hans-Jurgen Grasemann 박사가 인터뷰에서 설명해주었다. 동서독 경계 지역을 넘으려는 사람에게 국경수비대가 총격을 가한 후 확인사살까지 한 사건이 발생했을 때, 확인사살을 한 군인의 동료가 국경 너머로 총격을 가한 사람의 이름을 알려주어 기록한 일도 있었다고 한다.

그러나 브란트가 장벽에서 일어나는 총격 사건 같은 인권침해에 대한 분노로 동독의 행위자들을 처벌하는 것에만 주의를 기울인 것은 아니다. 서베를린의 시장으로서 그는 특히 서베를린 주민들이 분단으로 인해 가족과 친척, 친구를 만날 수 없게 되면서 겪는 고통을 간과하지 않았다. 그는 서베를린 주민들의 고통을 줄여줄 수 있는 현실적인 방법을 모색했고, 동베를린과 만나 통행증협정을 체결하기 위해 타협할 준비도 되어 있었다.

체류허가증을 둘러싼 갈등과 타협

장벽을 세운 후 동독 내무부는 8월 23일부터 서베를린 주민도 체류허가증이 있어야만 동베를린으로 갈 수 있다고 발표했다. 체류허가증은 서베를린 도시철도의 초역과 베스트엔드Westend 역에 있는 동독일여행사 지점에서 발급될 것이라고 했다. 그와 함께 동베를린과 서베를린 간의 검문소도 열두개에서 일곱개로 줄였다. 서베를린 주민이 이용할 수 있는 검문소 네개, 서독 주민을 위한 검문소 두개, 그리고 외국인, 외교관, 연합군 사령부 소속 인원이 이용할 수 있는 체크포인트 찰리 검문소였다. 나아가 서베를린 주민은 장벽에서 100미터 떨어진 지점까지만 접근이 허용된다고 전했다. 그리고 23일에는 동베를린 시장이 서베를린 시정부에 서신을 보내 서베를린 주민들에게 체류허가증을 발급하기 위해 서베를린에 동독일여행사의 지점 두개를 설치할 수 있게 해달라고 요청했다. 그러면 서베를린 주민들이 불필요한 절차를 복잡하게 거치지 않고 간단하게 일을 처리할 수 있을 것이라는 설명도 덧붙였다. 그러나 서베를린 시정부는 이에 대해 직접 답하지 않았다.

8월 24일 서방연합국 측이 동베를린에서 오는 사람들을 조사하기 위한 검문소를 통과 지점에 설치하기로 했다. 그리고 시정부와 합의하에 서베를린 주민에게 동베를린 체류허가증을 교부하기 위해 서베를린에 사무소를 설치하는 것은 허용하지 않는다고 발표했다. 브란트는 24일 라디오와 텔레비전 방송을 통해 중계된 담화에서 이러한 결정을 내린 이유를 설명했다.

"우선 동베를린에서 체류허가증을 발급하는 것 자체가 승전 연합국이 합의한 정신에 어긋나는 것입니다. 그보다 더 말이 안 되는 것은 동베를린의 지시를 받고 서베를린 지역에서 업무를 처리하려고 한다는 것입니다. 서베를린에 동독 정부의 업무를 처리할 지점을 설치한다는 것은 궁극적으로 흐루쇼프의 생각대로 베를린을 자유도시로 만들려는 계획의 일부입니다. 그렇기 때문에 우리는 더욱 동베를린 시장의 요청을 거부할 수밖에 없습니다. 체류허가증 발급 사무소를 여행사로 가장해서 도시철도의 역내 또는 별도의 공간에 설치하는 것 자체를 허용하지 않기로 한 결정을 쉽게 내린 것은 아닙니다. 우리는 동독이 이 결정을 핑계로 서베를린 주민이 동베를린에 사는 가족과 친척, 친구를 방문하지 못하게 만들 수 있다는 것도 알고 있습니다."

브란트의 우려는 현실이 되었다. 서베를린 주민들은 1963년 12월 통행증협정이 체결되고 난 뒤에야 비로소 동베를린을 다시 왕래할 수 있게 되었다.

동독은 서방연합국이 금지했음에도 불구하고 8월 26일 아침에 서베를린 도시철도의 초역과 베스트크로이츠Westkreuz 역에 체류허가증 교부소를 열었다. 이에 항의하는 서베를린 주민들이 체류허가증을 보이콧하자고 외쳤다. 그들은 초역에 "강제수용소 입장권 1서독마르크. 그래도 거기에 갈래?"라는 플래카드를 붙여놓았다. 체류허가를 받으려는 사람들과 이를 반대하는 사람들 간의 논쟁이 격앙되어서 경찰이 교부소를 막아야만 할 정도였다. 그날 오후 서방연합국 사령부의 지시에 따라 서베를린 경찰이 교부소를 모두 폐쇄했다. 그리고 교부소를 다시 여는 것이 금지되었다.

베를린장벽 건설 이후 동서진영의 대치가 해결될 기미가 전혀 보이지 않던 1962년 1월, 브란트 시장은 이 문제를 새로운 방식으로 접근해야 한다고 『슈피겔』과의 인터뷰에서 이야기했다. 그는 '장벽을 제거하라'는 요구가 계속되겠지만, 만일 그것이 아예 불가능하다면 적어도 장벽을 넘나들 수 있게 만들어야 한다고 강조했다. 따라서 서베를린 시정부는 친척을 방문하기 위한 통행증을 발급하는 문제에 관해 동베를린 시행정청과 논의할 의향이 있다고 했다. 이와 관련해 1961년 11월 말에 적십자사와 연합군 사령부를 통해 동베를린에 의사를 전달했지만 아직 아무런 성과가 없으며, 이는 동독 정부가 서베를린 시정부와 동독 사통당 정치국이 직접 협상해야 한다고 고집하기 때문이라고 설명했다. 그러나 브란트는 이를 절대 받아들일 수 없다고 입장을 분명히 밝혔다. 서베를린 시정부가 국제법적으로 독립적인 주권을 가지고 있는 단위도 아니고, 동독을 정상적인 주권국가로 인정하는 데 선도적인 역할을 할 생각도 없다는 것이다. 그러나 동베를린 시행정청과는 만나서 협상할 의향이 있다고 재차 강조했다.

작은 걸음이라도 떼는 것이 낫다

꾸바 위기가 발발하기 직전인 1962년 10월 2일과 3일 브란트 시장은 미국 하바드대학교에서 '공존: 모험으로의 강요'라는 제목의 강연을 두차례 진행했다. 이 강연에서 브란트 시장은 체제 간의 평화로운 경쟁을 허용하는 공존정책을 강조하면서, 동서진영 간의 연결점을 가능한 한 많이 만들자고 호소했다. 그는 "공존"Koexistenz은 "대안이 아닌 생존을 위한 유일한 기회"이고, 공존정책을 통해 동서갈등이 점차 "평화로운 경쟁, 공존을 위한 경쟁"으로 변해야 한다고 강조했다. 그렇게 해야 서구의 이념이 동유럽에 전달되고 공산주의의 체제 전환도 이룰 수 있다는 것이 논지의 핵심이었다. 당시는 1958년 시작된 두번째 베를린 위기가 아직 종결되지 않은 상황이었다. 브란트 시장은 워싱턴을 방문해 케네디 대통령과 나눈 회담에서 서독과 서베를린을 연결하는 모든 통로가 차단될 가능성과 소련이 공격해 올 위험에 관한 의견을 나누었다.

　브란트는 독일 문제를 해결하기 위해서는 소련과 함께 문제를 풀어나가야 하고, 장벽을 제거할 수 없다면 장벽을 쉽게 넘나들도록 해야 한다고 보았다. 그것은 '작은 걸음 정책'Politik der kleinen Schritte으로, '보통 작은 걸음보다 큰 걸음이 낫지만, 한걸음도 나아가지 않는 것보다는 작은 걸음이라도 떼는 것이 낫다'는 그의 철학에서 나온 것이었다. 당시 브란트에게 가장 중요했던 목표는 베를린 주민들의 고통을 최대한 완화시키는 것이었고, 이를 위해서는 실용주의적인 해결책이 필요했다. 즉 베를린 주민들 간의 만남이 가능하려면 동베를린과의 협상이 불가피했다. 상대방으로부터 무언가를 원한다면 상대방과 대면해야 했던 것이다.

　베를린장벽 구축 전까지 동베를린과 서베를린 시정부 간에는 기술적 차원의 교류만 이루어졌을 뿐, 공식적인 교류 채널은 존재하지 않았다. 텔렉스를 통한 동베를린 경찰청과의 접촉이 유일하게 유지된 연락 채널이었다. 동베를린 시행정청이 지속적으로 정치적 접촉을 요구해왔지만 서베를린 시정부는 동독을 정상적인 주권국가로 승인하는 것처럼 보일 수 있는 일체의 행위나 정치적 접촉을 제한했다. 베를린장벽이 설치되고 난 후, 브란트 시장은 동서베를린 간의 인적 왕래가 불가능하다면 최소한 서베를린 주민이 동베를린을 방문할 수 있는 방안이라도 강구해야 한다고 서방연합국을 설득했다. 동시에 적십자사와 교회, 경찰청 등의 비정치적인 기관을 통해 동베를린과 접촉을 시도했지만, 동독 측에서 서베를린 시정부와 동독 정부 간의 직접 접촉을 고집했기 때문에 별다른 성과를 거두지 못했다. 서베를린 시의회의 야당이었던 기민당의 반발 또한 만만치 않았다.

케네디의 "나는 베를린 사람입니다"

1963년 2월 서베를린 시의회 선거에서 브란트가 이끄는 사민당이 압도적으로 승리한 후 비로소 서베를린 시정부와 동독 당국과의 교류가 시작되었다. 브란트 시장의 정책에 비판적이었던 기민당이 완패하면서 브란트의 입지가 보다 강화되었고, 이에 힘입어 그의 정책 또한 더욱 구체화되었다. 이러한 흐름은 1963년 6월 26일 케네디 대통령이 서베를린을 방문하면서 가속화되었다. 케네디는 꾸바 위기 이후 조성된 국제적인 긴장이 완

1963년 서베를린에 도착한 케네디 대통령과 브란트 서베를린 시
장, 아데나워 서독 수상이 거리를 가득 메운 시민들의 환호를 받
으며 카퍼레이드를 하고 있다.

화되는 분위기 속에서 '평화전략'을 주창했기 때문이다.

케네디 대통령의 서베를린 방문은 여덟시간밖에 되지 않는 짧은 시간이었지만, 그날 독일 현대사에서 가장 중요한 한 장면이 연출되었다. 케네디 대통령의 일정은 베를린에 도착해서 먼저 전국노동조합 총회에서 연설하고 베를린장벽, 브란덴부르크문, 체크포인트 찰리를 둘러본 후 서베를린 시청 앞에서 연설을 하고 오후 3시에 자유대학교에서 명예박사 학위를 받는 것이었다. 그가 탄 차량을 보려고 몰려든 200만명의 시민들이 서베를린의 거리를 가득 메웠다. 정오경 45만명의 군중이 운집한 서베를린 시청 앞 광장에서 연단에 올라선 케네디는 자신의 이름을 부르며 환호하는 서베를린 시민들에게 "나는 베를린 사람입니다!"Ich bin ein Berliner라고 독일어로 답했다. 독일 역사책에도 기록된 이 연설이 끝난 후, 케네디 대통령은 열광하는 시민들의 반응에 감격해서 마치 마비된 사람처럼 몇분 동안 움직이지 못했다고 한다.

1963년은 베를린 봉쇄 15주년이 되는 해이기도 했다. 케네디 대통령의 이 한마디는 1948년 9월 9일 "세계시민이여, 베를린을 보아주십시오. (…) 여러분들이 이 도시를, 이 시민들을 포기해서는 안 되고 포기할 수도 없다는 것을 알아주십시오"라고 호소하던 로이터 서베를린 시장의 외침에 대한 대답이었다. 케네디

서베를린을 방문한 케네디 대통령에게 자유대학교에서 명예박사 학위를 수여하기 위해 준비한 연단 모습. 헨리 포드 건물 앞 광장에 설치되었다. 헨리 포드 건물의 대강당은 2000년에 김대중 대통령이 '베를린선언'으로 알려진 연설을 했던 곳이다.

에 이어 연단에 오른 브란트 시장은 "오늘은 우리 도시의 역사에서 가장 위대한 날입니다"라고 말했다. 후일 역사가들이 이날을 어떻게 평가할지 미리 정리해준 것이다.

케네디의 베를린 방문이 역사적으로 중요한 의미를 갖는 이유는 그가 명예박사 학위를 받기 위해 방문한 자유대학교에서의 연설에서 분명히 드러났다. 자유대학교의 대강당 정원에 마련된 연단에서 케네디는 유럽의 안정을 위해 소련과 협력하는 브란트의 정책을 높이 평가했다. 그것은 후일 연방정부의 수상이 된 브란트가 펼칠 신동방정책을 격려하는 것이기도 했다. 나아가 미국은 유사시에 군사력을 동원해서라도 서베를린을 지키겠지만 모스끄바와의 협상 없이는 당장 어떤 문제도 해결할 수 없다는 것도 받아들여야만 한다고 강조했다. 그리고 자유대학교는 모든 것을 바쳐서 자유를 위해 일하는 세계시민을 길러내야 할 특별한 의무를 진다고 이야기했다. 그 자리에 모인 2만여 명의 교수, 학생, 시민 들은 케네디의 연설을 들으면서 구원자를 보는 것 같은 느낌을 받았다고 회상한다. 당시 자유대학교 의과 대학생으로 그 자리에 있었던 폴머 슈나이더Volmer Schneider는 장벽 건설 이후 암울했던 서베를린에 미국의 젊은 대통령이 희망을 가져다주었다고 회고했다. 그것은 서베를린이 자유로운 삶을 보장해주는 공간으로 지켜질 것이라는 희망이었다.

베를린장벽 건설 이후 서베를린은 실제로 암울한 분위기가 지배적이었다. 동독에 거주하면서 서베를린으로 통근하던 약 5만명의 근로자들이 장벽 건설과 함께 출근하지 못하게 되면서 갑자기 노동력이 부족해졌고 이로 인한 문제가 발생했다. 또한 정치적인 긴장이 이어지자 여러 기업과 숙련된 전문인력들이 서독으로 계속 빠져나갔다. 1962년 6월 연방정부가 베를린지원법을 도입하면서 근로자에게 '공포보너스'라고 불리던 특별수당을 지급하고, 세금 혜택을 통해 기업의 투자를 유도하겠다고 했지만 어떤 결과를 가져올지 아직 미지수였다. 시정부는 문화, 주택, 교통과 관련된 건설공사에 자금을 집중적으로 투자했다. 산업생산의 거점이었던 서베를린은 이미 오래전에 그 지위를 상실했다. 이런 상황에서 케네디의 방문은 적어도 정신적으로라도 서베를린에 새로운 활력을 불어넣어주는 전환점이 되었다.

케네디 대통령의 격려로 날개를 달게 된 브란트 시장의 새로운 정책은 1963년 7월 서베를린 시정부 대변인이자 브란트의 핵심 참모인 에곤 바르Egon Bahr가 서독 남부의 소도시 투칭Tutzing에서 열린 회의에서 '접근을 통한 변화'Wandel durch Annäherung라는 강연을 하면서 그 이름을 알렸다. 그러나 서독 연방정부가 반대하는 한 서베를린 시정부 단독으로 그런 정책을 실현할 수 없

4장 장벽, 접근을 통한 변화의 시작

었다. 브란트의 정책을 여전히 비판적인 눈으로 보던 아데나워 수상이 사임하고, 10월에 루트비히 에르하르트Ludwig Erhard가 새로운 수상으로 취임한 후에야 비로소 연방정부는 서베를린 시 정부가 통행증 문제와 관련해 동독과 공식적으로 접촉하는 것을 승인했다.

통행증 협상의 결정적 쟁점

1963년 12월 서베를린 시정부와 동독 당국과의 공식적인 접촉이 시작되었다. 1차 통행증협정을 위한 협상이 12월 12일부터 일곱차례에 걸쳐 열렸다. 서베를린 측의 협상 목표는 최대한 많은 서베를린 주민이 동베를린에 거주하는 가족과 친척을 방문할 수 있도록 하는 것이었다. 이들의 안전한 귀환도 보장되어야 했다. 무엇보다 중요한 것은 통행증협정이 국가 간 조약의 성격을 띠지 않도록 형식을 조율하는 것이었다. 서베를린 협상대표단은 서독 연방정부가 고집하는 할슈타인원칙에 따라 동독 정부를 정상적인 주권국가로 인정하거나 승인하는 것처럼 보일 수 있는 어떠한 문구도 허용해서는 안 된다는 점에 각별히 유의해야만 했다.

서베를린 시정부는 사실상 독자적으로 국제협약을 체결할 권한이 없었다. '전승 4개국이 독일을 분할점령하고 베를린을 공동 관리한다'는 원칙이 베를린장벽 구축 이후에도 형식적으로나마 여전히 유효했고, 모든 사안에 대한 최종결정권은 전승 4개국에 있었다. 나아가 서베를린은 실질적으로 서독, 즉 독일연방공화국의 연방주로 간주되었다. 따라서 서베를린 시정부의 시정 운영은 모두 이러한 형식적이고 실질적인 틀 안에서 이루어져야만 했다.

서베를린 시정부와 협상에 임하는 동독의 핵심 목표는 여전히 서베를린과 서독 간의 정치적 연계를 차단하고 서베를린의 자치권을 도모함으로써 서베를린을 독립적인 비무장 '자유도시'로 전환하는 것이었다. 그래서 동독은 협정이 국가 간의 조약 형태로 체결되고, 의정서 형태를 갖추도록 만드는 것에 협상의 초점을 맞추었다. 동독 입장에서는 브란트 시장이 협정에 직접 서명하거나 서베를린 측 협상대표인 호르스트 코르버Horst Korber가 브란트 시장의 권한을 위임받은 대리인으로서 협정에 서명하는 것이 중요했다. 그리고 국가 간 협정의 성격이 드러날 수 있는 용어를 협정문에 삽입하고자 했다. 예를 들어 '동독의 수도' '서베를린 국민' '양측 대리인' 등의 표현을 협정문에 넣으려고 했다.

결국 통행증협정의 실행을 위한 실무 협의가 비교적 문제없이 진행된 것과 달리 협정의 성격과 형태, 용어 선정에 관한 논의에서는 양측의 의견이 극명하게 엇갈렸다. 특히 정치적 사안과 맞물린 양측의 의견 충돌은 협상 진행을 어렵게 만들었다. 서베를린 측이 도시 간 행정협약의 형태까지 용인할 준비가 되어 있었던 반면, 동독은 국제법상 조약을 체결하고자 했다. 이는 협정 서명의 형태와 직결되는 문제였다. 예를 들어, 서베를린 측은 양측의 협상대표가 협정문에 서명할 것을 제안했지만, 동독 측은 동독 정부와 서베를린 시정부의 최종책임자가 서명할 것을 요구했다.

단독 결정권한이 없었던 서베를린 시정부는 협상을 진행하면서 서독 연방정부와 서방연합국에 진행 상황을 보고하고 의견을 조율해나갔다. 서방연합국은 인도적 사항에 관한 문제이기에 필요할 경우에만 개입할 것을 밝힌 반면, 서독 연방정부의 수상과 외무차관은 협정문에 서베를린 시장이 동독 정부의 일원과 서면 접촉을 했다는 것을 보여주는 문장이 포함되었다는 이유로 거부했다.

협상이 진행되는 과정에서 동독은 비밀 유지에 대한 상호 합의를 어기고 여론전을 통해 서베를린 시정부가 동독이 제안한 협정안에 서명할 수밖에 없게 만들려고 했다. 협상이 진행 중인

12월 14일에 기자회견을 개최해 협상 과정에서 논란이 되고 있는 문제들을 구체적으로 설명했다. 특히 서베를린 협상단 대표의 정당성을 문제 삼았다. 동독 사통당의 기관지인 『노이에스 도이칠란트』*Neues Deutschland*는 마치 서베를린 협상단이 모두 잘못한 것과 같은 인상을 주는 기사를 실었다.

서베를린 측은 시정부 공보실을 통해 회담을 긍정적으로 마치기 위해 이에 대한 해명을 하지 않겠다는 입장을 발표했다. 하지만 브란트 시장은 12월 15일 서독 텔레비전 방송을 통해 협상 대표단의 단장이 자신이 위임한 '정당성을 부여받은' 대표임을 재차 강조했다. 서베를린 시정부는 협상이 결렬되지 않도록 브란트 시장의 서신과 수정된 협정안을 동독 측에 전달하고 협상을 진전시키기 위해 다각도로 노력했다.

동독의 여론전 직후, 12월 16일 개최된 6차 협상에서 양측은 통행증협정을 신속히 체결하기 위해 서로 양보하는 모습을 보였다. 특히 최대 갈등요소였던 위임과 서명 문제에서도 결국 타협점을 찾았다. 서베를린 측은 시장실 실장이 시장을 대행할 권한이 있다는 것을 구두로 설명하고, 서베를린 협상단의 대표가 그 권한을 위임받았다는 것을 증명하는 실장의 지시문을 전달했다. 지시문 서두에 "서베를린 시장"이라는 직함이 명시되어 있고, 하단부에는 시장실 실장이 "대리로" 작성한 서명이 있었다. 동독 측이 시장실 실장의 지시가 시장의 명령에 따라 행해졌다는 사실이 구체적으로 표기되지 않았다는 것을 문제 삼자, 서베를린 측은 내부 협의를 거쳐 지시문에 서베를린 시장의 명령에 대한 부분을 추가로 삽입했다.

한편 동독 측도 통행증 협상이 "동독의 제안"에 의해 이루어졌다는 표현을 삭제하고, 서명 형태를 서베를린 측이 제안한 대로 "서베를린 시장의 명령을 받은 시장실 실장 지시에 따라"로 표기하는 데 동의했다. 동시에 협상 초기 서베를린 측에서 제안한, 이른바 "구제 조항"Salvatorische Klausel을 최종안에 삽입해서, 정치적으로 대립되는 부분에 대해서는 여전히 의견이 불일치한다는 것을 명시했다.("양측은 공동의 장소, 관청 및 직명에 대한 합의가 이루어지지 못했음을 확인했다.")

이른바 '다름을 인정하는 합의'라 불리는 구제 조항을 통해 합의가 불가능한 부분을 명시함으로써 협상에서 갈등을 일으키는 요소를 처음부터 배제하고, 타협이 가능한 부분에서 합의를 이끌어내려고 한 것이다. 구제 조항은 의견 대립이 완전히 해결될 수 없음에도 불구하고 협정 체결을 가능하게 만든 법리적인 기술이었다.

서방연합국은 4대 승전국의 지위가 침해되지 않는다면 인도적 차원에서 이루어지는 통행증협정을 반대하지 않는다는 입장이었다. 반면 서독 연방정부는 서베를린 시정부가 통행증협정을 체결하는 것을 반대했다. 동독을 정상적인 주권국가로 인정하지 않는 정책을 지속적으로 고집하던 서독 연방외무부는 마지막까지도 협정 체결을 위한 초안을 거부했다. 그러나 크리스마스와 연말이 다가오면서 동베를린에 있는 가족과 친척, 친구를 만날 수 있을 것이라는 주민들의 기대는 계속 커지는 반면 협상 시간은 촉박해지자 결국 에르하르트 수상이 통행증협정 체결에 동의했다.

체제 대결 속 타협의 산물, 통행증협정

1963년 12월 17일 서베를린과 동독의 협상대표들은 통행증과 관련된 의정서에 서명했다. 1차 통행증협정이 체결된 것이다. 양측의 타협의 산물이었다. 이 협정에는 통행증 교부소의 위치, 근무 직원, 통행증 교부 방식, 방문인의 범위 등 기술적 사안도 구체적으로 명시되었다. 동독은 안전상의 이유로 통행증 교부소를 동서베를린 경계 지역이 아닌 서베를린 내에 설치하자는 의견을 내놓았다. 통행증 교부소에서 접수된 서베를린 주민의 통행증 신청서는 동베를린에 송부되어 심사와 승인을 거쳐,

다음 날 다시 서베를린 통행증 교부소로 전달되어 신청자에게 교부되는 방식이었다. 서베를린 측이 통행증 교부 행위가 동독의 주권을 행사하는 것으로 보이면 안 된다는 입장이었기 때문에, 동독 측은 신청서를 심사하고 승인·반려하는 과정의 주권적 행위가 서베를린이 아닌 동베를린에서 이루어진다는 점을 강조했다.

동독 측은 세개의 통행증 교부소를 서베를린 구청에 설치하기를 원했지만 양측은 서베를린 각 행정구역별 체육관에 총 12개의 통행증 교부소를 설치하기로 최종 합의했다. 나아가 동독 측은 통행증 교부소에 별도의 인력 배치를 원했으나, 서베를린 측의 반대로 동서베를린의 우체국 직원을 투입하는 것으로 의견을 조율했다. 우체국 직원도 공무원이었지만 경찰이나 세관 직원처럼 국가 주권을 대표하는 역할을 담당하는 주체는 아니었다. 또한 서베를린 우체국은 통행증 교부소 관리 및 동베를린 직원과 함께 통행증 문서의 수송을 담당했기 때문에 서베를린에서 이루어지는 통행증 교부 행위를 동독 국가기구의 주권적 행위가 아닌 "특수한 우편 업무"로 간주할 수도 있었다.

방문인의 범위에는 부모, 자녀, 조부모, 손자, 형제, 부모의 형제와 조카, 그들의 배우자와 비동거 부부까지 포함되었다. 방문 시간은 오전 7시에서 24시까지로 정해졌다. 1차 통행증협정을 통해 합의된 방문기간인 1963년 12월 19일에서 1964년 1월 5일 사이에 서베를린 주민의 약 33퍼센트인 70만명이 동베를린을 방문했고, 총 120만건의 방문이 이루어졌다.

1차 통행증협정 체결 이후, 1964~66년에 네차례의 통행증협정이 추가적으로 이루어졌다. 2차 통행증 협상은 동독과 서독 외무부 간 정치적 대결로 인해 1차 협상 때보다 어렵게 전개되었고, 브란트 시장은 서독 연방정부의 수상과 외무장관을 끊임없이 설득해야만 했다. 이러한 어려움에도 불구하고 1964년 9월 24일 체결된 2차 통행증협정은 1차 협정보다 개선되었다. 방문기간과 일수가 확대되었고, 긴급한 가족행사로 인한 방문기회도 추가로 합의되었으며, 통행증 교부소도 확대되었다. 12개월로 합의된 의정서 유효기간이 만료되기 최소 3개월 전에 의정서 연장에 대한 협의를 진행한다는 사항이 추가되었다. 2차 통행증협정으로 약 240만건의 방문이 이루어졌다.

그러나 1965년 5월 동독 협상대표 에리히 벤트Erich Wendt가 병으로 사망하고 동독의 협상대표가 교체된 후 협상은 다시 난항을 겪었다. 3차 통행증협정에서는 방문기간과 일수가 대폭 축소되었다. 그후 동독은 긴급한 가족행사로 인한 방문을 허용하는 규정을 담은 5차 협정을 마지막으로 1966년 10월 6일 통행증 협상을 거부했다. 통행증협정을 통해 동독을 정상적인 주권국가로 승인받고 서베를린을 주체적인 단위로 만드는 것이 불가능하다고 판단했기 때문이다. 이후 동독과 서독 정부 차원에서 여행·방문의 완화 및 개선에 관한 협정을 체결할 때까지 긴급한 가족행사를 위한 통행증 교부소만 예외적으로 열어두었다.

통행증협정은 1949년 동독과 서독이 건국된 후 처음으로 진행된 협상의 산물이었다. 다섯차례의 통행증협정 체결을 통해 1963~66년 동안 동베를린을 방문한 횟수가 약 540만건이었고, 베를린장벽으로 인해 가족, 친척과 헤어졌던 주민들의 고통이 조금이나마 완화될 수 있었다. 무엇보다 동독을 정상적인 주권국가로 인정하지 않는 서독의 정책과 서베를린를 '자유도시화'하려는 동독의 시도가 서로 맞부딪힌 체제 대결 속에서 양측이 타협점을 찾아내고 협정을 체결한 것은 그 과정 자체로서 큰 의미가 있는 일이었다.

통행증협정은 나아가 1969년 서독 연방정부 수상이 된 브란트가 추진한 신동방정책을 지방자치단체 차원에서 먼저 실험해본 것이었다. 물론 브란트 시장에게도 통행증협정은 위험부담이 큰 정치적 모험이었지만, 이 협정을 성사시킴으로써 서베를린에서 사민당의 입지를 굳힐 수 있었고, 이것이 원동력이 되어 이후 신동방정책을 연방정부 차원에서 성공적으로 실행에 옮길 수 있었다. 3년 동안 이어진 통행증협정을 진행하는 과정에서

얻은 경험은 이후 1971년부터 성사된 동서독 간 협상에도 영향을 주었다.

동독과 동베를린에 대한 브란트의 정책이 서베를린 주민들에게 압도적인 지지를 받았던 이유는 정책의 핵심 목적이 분단으로 인한 고통을 감소하는 데 있다는 것에 의심의 여지가 없었기 때문이다. 그가 동독에서 발생하는 인권침해 사례를 모두 기록하자고 제안했을 때도 그 목적은 동일했다. 통일만이 독일 문제를 최종적으로 해결할 수 있는 방안이라는 것은 분명하지만, 당장 평화적으로 실현할 방법과 가능성이 없다면 현실적으로 가능한 작은 걸음부터 내딛자는 것이 브란트의 철학이었다. 그는 작은 걸음이라도 한발 내딛는 것이 아예 움직이지 않는 것보다는 한보 더 나아간 것이라는 기본적인 진리에 충실한 사람이었다.

다름을 인정하는 합의

1966년 5차 통행증협정 체결 이후 동서베를린 관계는 다시 소원해졌다. 브란트는 1966년 12월 서독의 두 거대정당인 기민당과 사민당의 대연정을 기반으로 구성된 연방정부의 외무장관이 되어 서베를린을 떠나 본으로 이주했다. 그후 서베를린 시정부와 동독 당국은 서로 교류에 적극적으로 나서지 않았다. 그러나 국제적인 정세는 이미 긴장 완화와 평화공존을 모색하는 쪽으로 흐르고 있었다. 1969년 10월 브란트가 사민당과 자민당의 연정으로 이루어진 연방정부의 수상으로 선출되면서 동독과 서독 간의 교류 협력도 획기적인 전환점을 맞았다.

브란트 수상은 10월 28일 취임 후 첫 국정연설에서 앞으로 몇 년 동안 해결해야만 하는 과제는 동독과 서독 간의 경색된 관계를 풀어서 하나의 민족이라는 인식을 잊지 않게 만드는 것이라고 강조했다. 연방정부의 수상으로서 지난 정부들의 외교정책을 계승하면서 동시에 과감한 방향 전환을 모색하겠다는 선언이었다. 브란트는 동독을 하나의 국가로 "사실상 인정"하고, 동독과 선린우호관계를 구축해나가는 것을 정책의 핵심 과제로 여겼다. 물론 동독을 정상적인 주권국가로 승인한다는 것은 아니었다. 브란트는 "서독 정부가 동독을 국제법적으로 승인하는 것은 고려할 수 없다"라고 분명히 못을 박았다. 그러나 "독일 내에 두개의 국가가 존재한다고 해도 이들은 서로에게 외국이 아니며, 이들의 관계는 특별한 관계"라고 규정했다. 분단체제하에서 독일 영토 내에 실제로 두개의 국가가 존재한다는 것은 인정하지만, 두개의 독립적인 국가임에도 불구하고 서로가 서로에게 외국이 될 수 없기 때문에 그들은 "특별한 관계"를 맺는다고 정의할 수 있다는 것이다. 분단체제에 대한 이러한 새로운 인식을 토대로 독일 민족의 사이가 서로 멀어지는 것을 방지해야만 하며, 평화로운 공존을 넘어 언젠가는 함께 갈 수 있도록 노력해야 한다고 브란트 수상은 강조했다.

분단체제가 지속되는 상황에서 독일 문제를 새롭게 접근하기 위해서는 무엇보다 베를린 문제가 개선되어야만 했다. 동독 영토의 한가운데 섬처럼 놓여 있는 베를린은 지정학적 특수성 때문에 소련과 서방세계 간의 세력 대결이 압축된 곳이었다. 그 어느 쪽도 베를린에 대한 권리를 포기할 의사가 없었다. 그렇기 때문에 베를린 문제를 해결하지 않고서는 동서진영의 평화공존을 위한 긴장 완화와 관계 회복이 사실상 불가능했다. 서베를린 시장으로 일할 때부터 베를린 주민들이 분단 때문에 겪는 고통을 줄이는 것을 중요한 정치적 과제로 간주했던 브란트는 베를린 문제를 해결하는 것이 국제정치적으로 어떤 의미인지 확실히 알고 있었다. 그가 서독 연방정부의 수상이 된 후 서독은 1970년에 소련과 불가침조약인 모스끄바조약을, 그리고 폴란드와 관계 정상화 조약인 바르샤바조약을 체결했다. 1971년 베를린 문제를 해결하기 위해 4대 승전연합국들이 '4대국협정'을 체결하는 과정에서도 서독이 중요한 역할을 했다. 거기에는 브란트 수상의 정치적 의지가 반영되었다. 베를린은 두번에 걸친 위기에서 첨예하게 드러난 것처럼 냉전기 동서진영 간 체제 대결의 도화선이 되기도 했지만, 국제정세가 긴장 완화와 평화공존으로 변하면서 독일 문제를 해결하는 지렛대 역할을 하며 동서독 간 교류와 협력의 출발점이 되었다. 1963~66년 사이 서베를린과 동독이 통행증협정을 맺으며 확인한 '다름을 인정하는 합의'의 원칙은 1970년대 동독 정부와 서독 연방정부 간에 이루어진 협상에서도 기본적인 틀이 되었다.

'다름을 인정하는 합의'의 원칙은 협상에서 최대한 자신의 입장을 관철시키는 것을 목표로 놓고 논의하다가 그것이 불가능하면 협상이 결렬되는 것도 불사하는 것과는 본질적으로 다른, 실리적인 협상전략이다. 타협점을 찾기 위한 협상전략이라고 할 수 있다. 물론 이것은 타협하는 것을 패배하는 것으로 여기지 않는 경우에만 사용할 수 있다. 타협하는 것 자체를 비도덕적인 것으로 보는 문화가 지배했다면 상상하기 어려운 이야기였을 것이다. 이 원칙은 1970년대에 이루어진 동독과 서독 간의 다양한 협정을 가능하게 만들었다.

베를린 문제를 해결하고 서베를린과 동베를린·동독 간에 교류를 확대하고 인적 교류를 개선하기 위해 여러 분야에서 협상이 동시에 이루어졌다. 베를린에 관한 4대국협정(1971.9.3), 서독과 서베를린 간 민간인 및 화물 통과에 관한 협정(1971.12.17), 여행·방문의 완화 및 개선에 관한 협정(1971.12.20.), 동서독 기본조약(1972.12.21)이 그런 사례다. 동서독 기본조약에서 서독 연방정부는 동서독 관계를 "평등에 기반한 정상적인 선린관계"로 규정함으로써 분단 상황을 정치적 현실로 인정하면서, 동시에 '독일통일에 대한 서한'이라 불리는 문서를 통해 기본조약이 민족자결권을 바탕으로 통일을 이룬다는 서독의 정치적 목표와 모순되지 않는다는 점을 강조했다. 반면 동독은 서독과의 관계가 분단체제하에서의 특별한 관계가 아니라 두 정상국가 간의 일반적인 외교관계라는 입장을 고수했다. 그렇기 때문에 동독은 서독 연방정부 구조에서 우리나라의 통일부와 가장 유사한 역할을 담당했던 내독관계부도 공식적으로 인정하지 않았다. 동독과 서독이 교환하기로 합의한 상주대표부도 동독에서는 중앙정부의 외무부에 소속되었고, 서독에서는 연방정부의 수상청에 소속되었다. 양측은 상주대표부의 소속이 서로 다르다는 것을 알았지만 문제 삼지는 않았다.

베를린의 지위에 대한 합의, 4대국협정

베를린 문제의 핵심은 서베를린을 서독의 일부로 간주하는 것, 서독과 서베를린 간의 교통 연결, 그리고 서베를린 주민의 동베를린과 동독 왕래를 보장하는 것이었다. 주로 소련과 동독이 서독과 서베를린 간의 통행구간에서 검문검색을 강화하고, 통행구간을 차단하기 때문에 발생하는 문제였다. 소련과 동독은 이런 조치를 통해 서독과 서베를린의 관계를 지속적으로 약화시켜서 서베를린에 대한 서독 연방정부의 영향력을 차단하려 했다. 이를 위해 동독은 1968년 서독-서베를린 간 연결도로를 이용하는 사람들에 대한 여권 및 비자 의무를 도입했다. 1969년 3월 서베를린에서 개최되는 서독 연방대통령 선거를 위한 연방회의에 참석하기 위해 서독 연방정부 관계자들이 서독-서베를린 간 통행구간을 이용해야 했을 때 통행금지령을 내리기도 했다.

이러한 문제들을 해결하고 양측 베를린 주민들의 교류를 보장하려는 서독 연방정부의 노력에 부응해서 1969년 서방연합국과 소련 간 협상이 시작되었다. 1970년 서독과 소련이 모스끄바조약을 체결하면서 이 협상도 속도를 내기 시작해서, 1971년 9월 3일 '4대국협정'으로 불리는 4대 승전연합국 간의 협정이 체결되었다. 이 협정을 통해 미국, 영국, 프랑스와 소련은 베를린에서의 긴장 해소를 위해 무력 사용을 금지하고 평화적 수단으로 분쟁을 해결하기로 합의했다. 상호 권리와 의무를 존중하며 조약과 관련해 해석의 차이가 존재함에도 불구하고 현상태를 일방적으로 변경하지 않기로 했다.

나아가 서방연합국은 서독과 서베를린 간의 연계를 계속 유지하고 발전시키겠지만 서베를린이 서독, 즉 독일연방공화국의 일부는 아니라고 확인했다. 이는 적어도 형식적으로는 서독 연방정부가 서베를린에 대한 직접적인 통치권을 갖지 않는다는 것을 의미했다. 소련은 서독과 서베를린 간 민간인과 화물의 통행제한 조치를 완화하고, 인도적인 이유나 가족행사, 종교적인 이유 또는 문화와 상업, 여행 목적으로 서베를린 주민이 동베를린과 동독을 방문하는 것을 허용하기로 했다. 결과적으로 4대국 협정을 통해 베를린 문제를 풀어나갈 수 있는 새로운 기반이 마련되었다고 할 수 있다. 무엇보다도 이 협정은 갈등과 위기의 근원지였던 베를린 문제를 해결함으로써 유럽 내 긴장 완화에 기여한 것으로 평가된다.

4대국협정은 특히 베를린의 지위에 대해 각국의 입장이 상이했음에도 불구하고, 최종적으로는 타협점을 찾았다는 점에서 그 의의가 컸다. 타협을 위해서는 협정 용어를 신중하게 선택하는 것이 중요했다. 서방연합국의 경우, 4대 승전연합국의 권한이 베를린 전체에 미친다는 입장이었으나, 소련은 그 권한이 서베를린에만 한정된다고 고집하고, 동베를린을 동독의 수도로 간주했다. 베를린의 법적 지위에 대한 입장 차이로 인해 발생하는 문제를 우회하기 위해 협정상 특별히 정제된 표현들만 사용했다. 예를 들어, 베를린은 "해당 구역" 혹은 "이 구역"으로 표기되었고, 서베를린은 "베를린 서쪽 구역", 동베를린은 "베를린 서쪽 구역에 접한 지역"으로 표기되었다. '다름을 인정하는 합의'의 원칙에 따라 상이한 입장을 인정하는 토대 위에서 이중적인 해석이 가능한 용어를 사용해 서방연합국과 소련의 각기 다른

법 해석에 대한 타협점을 찾고, 실질적인 문제 해결에 집중할 수 있었던 것이다.

동서독 정부 간 최초의 협정, 통과협정

4대국협정 체결 후, 동독과 서독의 중앙정부와 연방정부 간 협상이 본격적으로 시작되었을 때도 '다름을 인정하는 합의'의 원칙은 고수되었다. 베를린의 지위에 대한 동독과 서독의 입장은 항상 달랐고, 이로 인해 협상이 원활히 진행되지 못했다. 특히 이중적으로 해석이 가능한 4대국협정을 두고 자주 갈등이 불거졌다. 서독은 4대국협정상의 "해당 구역"을 4개국 권한하에 있는 베를린 전체 지역으로 보았고, 동독은 이를 서베를린에만 한정했다.

동독 정부는 소련과 마찬가지로 지속적으로 서독과 서베를린의 연계를 약화시키고, 서베를린을 독립적인 자치단위로 규정하려고 했다. 서독 주민의 베를린 방문과 관련해서는 서독 연방정부와 협상하려고 한 반면, 서베를린 주민의 서독 방문에 대해서는 서독 연방정부가 아닌 서베를린 시정부와 직접 협상하고자 했다. 동독 정부의 입장에서는 서베를린 문제를 서독 연방정부와 협상하는 것은 서베를린의 '비독립성', 즉 서독으로의 귀속을 인정하는 것과 다름없었기 때문이다. 한편 서독 연방정부는 서베를린이 국제법적으로 협상을 진행할 수 있는 독립적인 주체가 될 수 없다는 입장을 분명히 했다. 이와 관련해 서방 연합국이 4대국협정에 따라 서독 연방정부가 "서베를린 시정부의 이름으로도" 협상할 수 있다는 점을 확인해주고, 서베를린에 대한 규정이 포함된 동서독 체신부 간의 우편·통신의정서(1971.9.30)가 체결되면서 동독 중앙정부는 비로소 서독 연방정부가 서베를린에 대해 협상하는 것을 수용했다.

4대국협정에서 합의된 내용을 이행하고 구체적인 규정으로 만드는 작업은 아주 복잡한 일이었다. 세계 역사상 이러한 규정이 적용되었던 곳이 없었기 때문에 동독과 서독은 국제법적으로 전례가 없는 새로운 문제를 해결해야만 했다. 31차례 열린 협상 과정에서 여러 고비를 극복한 후 비로소 1971년 12월 17일 '통과협정'이라 불리는 서독과 서베를린 간 민간인 및 화물 통과에 관한 협정이 체결되었다. 통과협정에 의해 서독-서베를린 통과구간에서 인적 통행과 화물 운송이 개선될 수 있었다. 이로써 정치적인 상황 변화에 따라 큰 제약을 받았던 서독과 서베를린 간 통행이 규정에 따라 안정적으로 이루어지게 되었다. 통과협정은 분단 이후 동독과 서독 정부 차원에서 이루어진 최초의 협정이었다. 이 협정은 타협에 대한 상호 의지가 존재하면 어려운 문제도 해결할 수 있다는 중요한 정치적 메시지를 던져주었다.

서독 연방정부는 통과 과정에서 발생하는 비용으로 1972~75년 동안 연간 2억 3490만 서독마르크를 동독 정부에 일괄 지급하기로 했다. 통과금으로 불린 이 비용에는 도로 이용료, 세액 조정금, 비자 발급 수수료 등이 포함되었다. 4대국협정 전까지 여행자들은 도로 및 선박 이용료, 세액 조정금과 비자 발급 수수료를 직접 부담했다. 통과협정 이후, 여행객과 운송업자들의 개별적인 비용 부담이 없어졌다.

서독이 매년 동독에 지급한 통과일괄금은 동독의 중요한 외화 수입원이었다. 1980년대부터는 이를 통해 바닥난 국고를 충당했다. 그만큼 서독에 대한 동독의 경제 의존도도 커졌다. 통과일괄금은 1975년 인상되어 1976~79년에는 연간 4억 서독마르크, 이후 1978년 다시 인상되어 1980~89년에는 연간 5억 2500만 서독마르크로 책정되었다. 1972~89년 동안 서독이 지불한 통과일괄금은 총 78억 서독마르크였다. 이와 함께 동독은 도로, 철도 및 수로 건설에 대한 투자금 명목으로 서독 연방정부로부터 1989년까지 약 24억 서독마르크를 받았다.

여행방문협정, 분단의 고통을 완화하다

4대국협정에 따라 동서독 정부 간에 민간인 및 화물 통과에 대한 협상이 진행되었고, 서베를린 주민의 동베를린과 동독 방문에 관한 협의도 시작되었다. 서독 주민은 1971년 이전에도 1년에 한번 총 4주까지 동독에 거주하는 가까운 친척을 방문할 수 있었고, 24시간 동안 동베를린을 방문할 수 있었다. 반면 서베를린 주민들은 사실상 1952년부터 동독을 방문할 수 없었고, 1961년 장벽이 세워진 후에는 동베를린을 방문하는 것도 불가능했다. 통행증협정이 이루어지면서 1963~66년에는 가까운 친척에 대한 단기방문이 가능했지만, 1966년 이후에는 긴급한 사유가 있을 경우를 제외하고는 그마저 어려워졌다. 1971년 12월 20일 서베를린 시정부와 동독 정부 간에 체결된 '여행·방문의 완화 및 개선에 관한 협정', 즉 여행방문협정은 브란트가 서베를린 시장이었을 때부터 항상 강조하던 분단체제하에서의 정치인의 의무를 실행한 것이었다. 즉 분단으로 인한 주민의 고통을 완화하기 위함이었다.

여행방문협정은 통과협정을 체결할 때 사용되었던 '협정'으로 번역되는 용어 'Abkommen' 대신, '합의'라고 해석할 수 있는 'Vereinbarung'으로 표기됐다. 두 표현 모두 국제법적으로 유효하므로 사실상 차이가 없었지만, 서베를린 시정부는 '협정'보다는 '합의'라는 용어를 사용해 서베를린이 국제법상 주권을 행사할 수 있는 주체가 아님을 강조하려고 했다. 서베를린을 독립적인 자유도시로 규정하려는 동독의 의도에 동의할 수 없다는 표현이기도 했다.

여행방문협정으로 1966년 이후 처음으로 서베를린 주민의 동베를린 방문이 허용되었다. 통행증협정 때와는 달리 친척 방문뿐만 아니라 사업 및 관광 목적으로도 방문할 수 있게 되었고, 동독 방문도 허용되었다. 이 협정이 체결된 이후 서베를린 주민은 신분증만으로 입국허가를 받게 되었다. 서베를린에 설치된 다섯개의 '방문·여행사무소'에서 비자 발급을 위해 필요한 허가증을 발행해주었다. 이 허가증과 서베를린 신분증을 국경 검문소에 제시하면 동독 비자를 받을 수 있었다. 비자 비용은 하루 방문 시 5서독마르크, 하루 이상 방문 시 15서독마르크였다.

동독은 동독·동베를린을 방문하는 서독·서베를린 주민들에게 의무적으로 일정 금액의 서독마르크를 1:1의 비율로 동독마르크로 환전할 것을 요구했다. 최소환전금 또는 의무환전금으로 불린 이 비용은 1964년 통행증협정 때 처음으로 도입되어, 1968년, 1973년, 1980년 세번에 걸쳐 인상되었다. 1964년에 3서독마르크 또는 5서독마르크였던 의무환전금은 1980년

25서독마르크까지 인상되었다. 동독은 의무환전금 제도를 통해 1989년까지 약 45억 서독마르크를 벌었다.

1990년 통일이 될 때까지 서독과 서베를린은 다양한 명목으로 동독에 자금을 지원했다. 그러나 서독과 서베를린 주민들이 동독에 돈을 주지 말라고 요구한 적은 없다. 그 대가로 큰 어려움 없이 동베를린과 동독의 가족과 친척, 친구를 만날 수 있게 되었을 뿐만 아니라, 간단한 절차만 거치고 동베를린에 가서 이발소에서 머리를 자르고, 서점에 들러 책을 사서 커피 한잔 마시고 돌아오는 것이 서베를린 주민들의 일상이 될 수 있었다.

서독은 동독에 다양한 방식으로 지원해주면서 그에 상응하는 대가를 꼭 지불해야만 한다고 요구하지 않았다. 그러나 동독은 지원을 받은 후 대부분 그에 상응하는 조치를 취했다. 1983년과 1984년 두차례에 걸쳐 동독에 제공된 10억 서독마르크 규모의 차관을 서독 정부가 보증한 후 동독 정부는 자국민들에게 적용되던 여행 규제를 완화했다. 그렇게 독일 분단체제의 장벽에 조금씩 틈이 열렸다. 이는 1970년대 이후 동독과 서독이 서로 다른 입장이 존재한다는 것을 인정하고 타협 가능한 지점에서 합의를 만들어낸 여러 협정이 있었기 때문에 가능했다. 협정을 바탕으로 동서가 지속적으로 만날 수 있었고, 서로 신뢰하는 관계가 구축되었다. 만남이 없이는 신뢰를 쌓을 수 없는 법이다.

BERLIN

5장

장벽을
넘어
부는

바람

베를린을 위한 콘서트

1960년대 이후 평화공존의 원칙이 주도하는 국제정치 무대에서 베를린은 주연이 아니었다. 오히려 냉전의 상징인 장벽으로 인해 정치적·역사적으로 뒤처진 도시, 이질적이고 반동적인 도시로 인식되었다. 주민들은 장벽과 함께 사는 일상에 점차 익숙해졌고, 서베를린은 정체되고 경제적으로 침체된 도시가 되었다.

그럼에도 불구하고 서베를린이 1980년대 말까지 약 200만명의 인구를 유지했던 것은 다른 지역에서 이주해 온 사람들의 비율이 계속 증가했기 때문이다. 외국인의 비율도 비교적 높았다. 서베를린의 특수한 지위 때문에 서베를린 주민은 병역의무를 지지 않았고, 이는 병역을 기피하려는 서독의 젊은이들을 서베를린으로 향하게 만들었다. 그리고 정치적인 이유와는 상관없이 서베를린에서 꽃을 피우기 시작하던 대안문화를 좋아하는 사람들이 모여들었다. 그렇게 서베를린은 점차 대안문화와 새로운 생활방식의 중심지가 되었다. 다양하고 창의적인 사람들이 모여들어 1920년대 현대의 실험장으로 불렸던 명성을 되찾을 수 있을 만큼 서베를린은 자유로운 문화와 예술의 공간이 되었다.

1970~80년대 서베를린의 청년문화와 대안문화를 주도하던 젊은이들에게 장벽 건너편의 동독은 관심의 대상이 아니었다. 1968년 서독의 학생운동은 자유대학교를 중심으로 구성된 신좌파 젊은이들이 주도했는데, 이들은 동독에 대해 막연한 이미지만 가지고 있었다. 동독은 친척을 방문하기 위해서 가끔 가는 곳일 뿐이었다. 당시 젊은이들에게 장벽 너머의 친척을 만날 수 없어서 애를 태우고, 만날 수 있는 날을 고대하는 일은 좀처럼 없었다. 크리스마스와 부활절과 같은 명절, 생일, 결혼식, 장례식 때 동독의 친척을 일상적으로 만날 수 있었고, 이러한 만남은 일종의 의례처럼 되어버렸다. 명절의 가족모임은 독일에서도 대부분의 젊은이들이 불편해하는 자리다. 불편한 자리를 즐거워하는 사람은 많지 않다. 서독의 젊은이들도 그런 친척이 사는 동독에 가는 것을 즐거워하지는 않았다.

장벽 건설 이후 서독에서 서베를린으로 이주해 온 젊은이들은 장벽 건너편의 동독에서 일어나는 일에 관심이 없었다. 이들은 서독의 여권을 가지고 있었기 때문에 1971년 이전에도 원하면 언제든지 동베를린에 다녀올 수 있었다. 그러나 그들 중에는 동베를린을 방문한 사람이 거의 없다. 오랫동안 서베를린에 살면서 한번도 동베를린 땅을 밟아본 적이 없는 신좌파 지식인도 있었다. 학생운동 그룹에서 분리되어 급진적 무장투쟁을 하려고 조직된 적군파RAF 테러그룹 구성원 중에 수배를 피하기 위해서 동독으로 숨은 사람은 있었다. 하지만 서베를린의 젊은 신좌파 지식인들과 학생들의 인식의 지형도에 동독과 분단체제의 문제는 존재하지 않았다. 이들의 꿈은 자신들이 살고 있는 사회를 인간적인 얼굴을 한, 살기 좋은 공동체로 만드는 것이었다. 장벽 너머 동독에서 자신들과 같은 꿈을 꾸는 사람들이 자신들의 이야기를 듣고 있다는 것을 그들은 알지 못했다.

68운동이 불러일으킨 거대한 변화

1968년 서독의 학생운동에서 중심적인 역할을 했던 자유대학교의 학생 루디 두치케Rudi Dutschke는 신좌파 지식인을 상징하는 인물이다. 동독의 베를린 근교 지역에서 출생하고 성장한 그는 인민군에 가는 것을 거부했다는 이유로 동독에서 대학을 갈 수 없게 되자 서독 대학의 입학 자격을 얻기 위해 1960년부터 서베를린으로 통학하면서 대학입학 자격시험인 아비투어Abitur를 준비했다. 장벽이 세워지기 직전 서베를린으로 이주해서, 1961년 겨울학기에 베를린 자유대학교에 입학했다. 대학교에서 다양한 형태로 사회비판 운동을 조직한 그는 운동이 효과를 거두기 위해서는 가시적인 효과를 내는 행동을 조직해야만 한다고 믿었다. 1967년 두치케는 권위주의와 독재를 비판하는 학생들을 중심으로 서베를린을 방문한 이란의 무함마드 팔레비Muhammad Rizā Pahlevī 국왕에게 항의하는 대규모 시위를 조직했다. 이 시위 중에 자유대학교 학생 베노 오네조르크Benno Ohnesorg가 경찰의 총격에 사망하는 사건이 일어났다. 이 사건은 학생운동이 서독 전역으로 번지는 계기가 되었고, 두치케는 서베를린 학생운동의 중심인물이 되었다. 2000년대 자유대학교 신입생들 중에는 학내 중앙식당 앞의 거리가 '루디두치케슈트라세'인 이유를 잘 모른다. 베를린장벽의 붕괴를 먼 옛날의 이야기로 생각하는 이들에게 68운동과 서베를린은 호랑이 담배 피우던 시절의 이야기일 뿐이다.

독일의 현대사에서 68운동의 사회적·정치적 의미는 한국의 현대사에서 1987년이 갖는 의미와 비교할 수 있을 것이다. 68운동의 신화를 만들지도 말고, 과대평가하지도 말라고 끊임없이 경고하는 독일의 보수적인 사회과학자들조차도 68운동으로 독일 민주주의가 질적으로 새로운 국면에 접어들었다는 점에 대해서는 이견을 제시하지 않는다. 자유대학교 정치학 교수 에케하르트 크리펜도르프Ekkehart Krippendorff는 68운동이 독일제국의 군사적 패배와 승전연합국들의 외부적 통제 속에서 만들어진 서독, 즉 독일연방공화국이 정말로 민주적인 공화국으로 발전할 수 있는 장기적인 포석을 놓아주었다고 평가한다. 실제로 68운동 이후 서독사회는 그 이전의 서독과는 본질적으로 다른 사회가 되었다. 모든 형태의 권위주의적인 문화를 거부하며, 자율적이고 자유로운 삶을 추구하는 대안문화도 정착되었다.

그런 의미에서 볼 때 68운동은 일종의 사회혁명이었고, 그 중심에는 서베를린의 자유대학교와 두치케가 있었다. 저항하던 젊은 학생들은 기민당이 이끄는 서독 연방정부가 도입하려는 비상사태법이 파시즘적 지배체제를 다시 구축할 수 있게 만드는 것이라고 거부했고, 베트남에서 나치의 유대인 학살과 같은 민족학살을 저지르고 있는 미국과 동맹관계를 유지하는 것을 비판했다. 이들은 형식적 민주주의의 제도들은 야만적 억압이나 한 민족을 말살하는 행위를 막을 수 없다는 결론을 내렸고,

독일 68운동의 주도 세력이었던 사회주의학생연합이 1968년 2월
17일 서베를린의 공과대학에서 국제베트남회의를 개최했다.

의회주의에 대한 비판과 함께 독일사회에 잠재한 파시즘에 대한 투쟁을 전개했다.

파시즘과 탈나치화 문제는 실제 건국 초기부터 서독에서 끊임없이 제기되던 문제였다. 보수정당인 기민당이 "사회주의자라면 기민당으로"라는 슬로건을 내걸고 진보적인 색채를 보이고자 노력할 정도로 탈나치화는 정치적·사회적으로 중요한 과제였다. 그러나 급속한 경제 재건과 함께 보수적이고 권위주의적인 정치문화도 다시 살아났다. 서독의 보수언론은 독일인이 가해자였다는 기억을 억누르면서, 오히려 피해자로서의 기억을 부각시켰다. 그 결과 1950년대 서독에서는 나치의 범죄는 선량한 독일 시민들과는 관계없이 히틀러와 소수 권력자들이 저지른 것이기 때문에 과거를 청산할 수 있다는 의식이 확산되었다.

이러한 사회적인 분위기 속에서 보수적인 아데나워 정부는 과거 청산 문제를 적극적으로 논의하기보다는 독일인도 희생자라는 논리를 내세우고, 반공주의를 강화시켜서 보수적인 정치문화를 보급하는 데 더 많은 노력을 기울였다. 극우정당이 선거에서 성공적인 결과를 얻는다거나 1959~60년 겨울의 반유대주의 폭동과 같은 사건들은 전후 서독사회에 파시즘의 잔재가 여전하다는 것을 증명했다. 나치 전력으로 인해 경질되었던 인사들도 원래의 사회적 지위를 되찾았다. 이러한 인물들에 대해서는 일반 가정에서도 주요한 대화의 주제가 되었고, 이들의 나치 경력을 알면서도 침묵하기를 원하는 부모들의 태도로 인해 세대 간의 갈등이 유발될 수밖에 없었다. 68세대 대부분은 이러한 상황을 청소년기에 내면화했고 결국에는 부모의 침묵을 보상하기 위해 목소리를 높였던 것이다.

68세대는 나치에 대한 기억을 과거에 대한 기억의 문제가 아니라 현안 문제로 파악하고, 전쟁 이전 세대가 나치에 적절하게 대응하지 못했을 뿐 아니라 전후 서독의 공적 영역에 나치즘적인 요소를 키워나갔다고 비난했다. 68운동의 전개 과정에서 새로운 종류의 파시즘을 막고자 하는 의지가 모든 정치적 실천의 가장 중요한 동기가 되었다. 파시즘 비판은 부모세대가 과거를 반성하지 않을 뿐만 아니라, 아예 기억하지 않으려 한다는 비판에서 시작되어, 전후 서독 국가의 정당성까지 비판하는 근거가 되었다. 이런 급진적인 비판의식을 바탕으로 68세대는 형식적인 민주주의를 뛰어넘는 새로운 민주주의의 실현을 추구했다. 일상적 차원을 포괄하는 삶의 모든 부분에서의 민주화였다. 이런 의미에서 68운동이 독일 민주주의 역사의 결정적인 전환점으로 이해될 수 있는 것이다. 두치케는 이를 "일상의 제도를 가로지르는 대장정"이라고 표현했다. 이러한 대장정은 실제 1970년대 이후 신사회운동과 녹색당운동으로 이어졌다.

서베를린을 중심으로 서독 전역으로 확산된 저항운동은 동독에도 영향을 미쳤다. 당시 동독의 언론을 통해 서베를린과 서독 젊은이들의 저항운동에 대해 자세히 전해 들은 주민들은 동독에서는 왜 그러한 비판이 허용되지 않는가 하는 질문을 던졌다고 한다. 주민들의 이러한 반응을 예상하지 못한 공산당의 책임자들은 곧장 서독의 학생운동에 대한 보도를 중단하도록 지시하여, 동독의 모든 뉴스에서 서독의 학생운동에 대한 보도가 일제히 사라졌다. 그러나 이미 동독사회 내에서 일고 있던 체제에 대한 비판적 시각을 제거할 수는 없었다. 1960년대 말 동독사회에서 체제개혁을 요구하던 비판적인 시민·문화그룹은 서베를린과 서독에서 이루어지는 사회운동에 깊이 공감하고 있었다. 그들은 서독이 동독보다 잘산다는 것 때문에 서독을 동경한 사람들이 아니었다. 서구 자본주의를 추구하는 것도 아니었다. 오히려 동독의 사회주의체제를 인간적인 삶을 가능하게 해주는 이상적인 체제로 개혁하고자 했다. 그들은 서독의 신사회운동과 녹색당운동에서 정신적 동지를 보았다. 서베를린과 서독사회를 인간적인 삶을 꾸릴 수 있는 공동체로 만들기 위해 노력한 사람들은 장벽을 없애라고 직접 외치지는 않았지만 결과적으로 분단체제의 극복에 크게 기여한 것이다.

1980년대 서베를린의 젊은이들은 장벽에서 가까운 크로이츠베르크 지역에서 오랫동안 비어 있던 집을 점거해서 대안공동체적 삶을 실험하는 공간을 만들었다. 동베를린의 젊은이들도 장벽 근처의 프렌츠라우어베르크 지역에서 오랫동안 비어 있던 집을 점거해서 자기들만의 문화를 만들며 함께 살았다. 그들 간에 어떤 교감이 있었던 것은 아니다. 장벽의 양쪽에서 각자 자신들의 공동체 속에서 살았다. 서베를린의 경찰은 크로이츠베르크 지역의 점거된 건물들 때문에 골치가 아팠다. 동베를린의 비밀경찰 또한 프렌츠라우어베르크 지역의 오래된 건물에 모여든 사람들에 대한 감시가 제대로 이루어지지 않아 불안해했다. 그들은 장벽을 넘어 부는 바람도 두려워했다.

베를린을 위한 콘서트

1987년 6월 7일 밤 10시, 세계적인 록스타 데이비드 보위David Bowie가 서베를린 브란덴부르크문 앞의 무대에 섰다. 그때 하늘에서는 바람이 서쪽에서 동쪽으로 불고 있었다. 그 바람을 타고 동베를린에 있는 팬들도 그의 노래를 잘 들을 수 있었다. 동독에 자신의 팬이 얼마나 있는지 몰랐던 보위는 무대에 선 순간 너무 큰 전율을 느꼈다고 회상했다. 장벽 건너편에 있는 팬들이 환호하는 소리가 그에게도 들렸기 때문이다. 여섯번째 곡을 마친 그는 밴드 멤버를 소개한 후 독일어로 "장벽 너머에 있는 우리의 친구들에게 따뜻한 인사를 전합니다"라고 외쳤다. 장벽 양쪽의 팬들이 함께 함성으로 응답했다. 보위는 그날의 감동을 잊을 수 없다고 항상 이야기했다.

"그 순간을 나는 절대 잊지 못할 것입니다. 그것은 내가 했던 모든 공연 중에 가장 감동적이었습니다. 눈물이 나왔지요. 스태프들은 장벽을 무대 뒤 배경으로 만들기 위해 장벽 앞에 무대를 세웠습니다. 사실 우리는 그날 동베를린 사람 몇명이 실제로 콘서트를 들을 수도 있을 것이라는 이야기를 들었습니다. 그러나 얼마나 될지는 몰랐습니다. 그런데 건너편에서 수천명이 장벽 근처에 모인 거예요. 그날 공연은 분단의 장벽을 사이에 두고 열린 하나의 이중 공연이었지요. 우리는 저쪽 편에서 환호하고 노래하는 소리를 들었습니다. 오 하느님, 지금까지도 내 목이 막힙니다. 내 심장이 터질 것 같았습니다. 그것은 제 평생 한번도 겪지 못한 일이었습니다. 그리고 생각건대 앞으로도 다시는 그런 일을 하지 못할 것 같습니다. 「히어로즈」Heroes를 연주할 때 나는 마치 하늘에 기도하는 것과 같은 심정이었습니다."

보위가 서베를린장벽 근처에서 살았던 시기인 1977년에 녹음한 「히어로즈」는 베를린장벽의 연인을 연상시키는 가사 때문에 장벽을 상징하는 노래로도 유명했다.

> 나는 기억할 수 있어요. 우리가 장벽에 서 있었을 때, 우리의
> 머리 위로 총알이 날아갔지요. 우리는 아무도 무너뜨릴 수 없을
> 것처럼 키스했지요. 두려움은 저편에 두었어요. 우리는 그것을
> 이길 수 있어요, 영원히. 그날만은 우리가 영웅일 수 있었으니
> 까요.

동베를린과 서베를린의 관중들이 이 노래를 함께 부르며 모
두가 어떤 전율을 느꼈을지 상상할 수 있을 것이다.

이 공연은 베를린이 문서상으로 언급된 지 750주년이 된 것을
기념하기 위해 준비된 다양한 행사 중의 하나였다. 1987년 여름
서베를린과 동베를린은 서로 경쟁하듯 성대한 기념행사를 준비
했다. 동독은 7월 4일에 '사회주의 승리의 행진'이라는 제목으
로 다섯시간 동안 생방송될 거대한 퍼레이드를 1년 전부터 준비
하고 있었다. 6월 6일부터 8일까지 3일간 세계적인 뮤지션들의
공연으로 구성된 '베를린을 위한 콘서트'는 서베를린 시정부가
준비한 기념행사였다. 보위를 비롯해 필 콜린즈Phil Collins, 에어
로스미스Aerosmith 같은 유명 뮤지션들이 참가하는 거대한 록콘
서트였다. 록음악을 통해 분단된 베를린을 하나의 공간으로 연

1987년 베를린장벽 바로 옆에 있는 제국의회 의사당(현 독일 연방의회 건물) 앞 잔디밭에서 '베를린을 위한 콘서트'가 열렸다. 장벽 건너 동베를린 거리에서 라이브공연을 들으러 나온 사람들을 위해 동쪽으로도 스피커를 설치했다.

결하면서 분단을 상기할 수 있게 만드는 것이 이 콘서트의 기획 의도였다. 록페스티벌의 장소를 제국의회 앞 잔디밭으로 결정한 것은 이 행사가 단순한 콘서트가 아니라는 것을 상징적으로 보여주었다.

'베를린을 위한 콘서트'에 참여한 뮤지션들은 당시 동독에도 잘 알려져 있었다. 동독 주민들이 서독과 서베를린의 방송을 듣는다는 것은 공공연한 비밀이었다. 동베를린과 서베를린이 같은 대중음악을 들은 것이다. '베를린을 위한 콘서트'도 서베를린의 지역방송인 RIAS를 통해 생중계되었다. 이 콘서트는 지금도 유튜브를 통해 볼 수 있다.

콘서트 첫날인 6월 6일에는 수백명의 젊은이들이 동베를린 쪽에서 콘서트를 함께 즐겼다. 큰 사고는 없었다. 이튿날인 7일에는 수천명의 동베를린 젊은이들이 브란덴부르크문 주변으로 모여들었다. 동베를린 쪽의 브란덴부르크문 주변에는 소련 대사관, 미국 대사관 등 여러 대사관이 포진해 있고, 서독 국영방송인 ARD와 ZDF 특파원들의 사무실이 있었다. 이런 장소에 대규모 군중이 모이는 것이 부담스러웠던 동독 당국은 사람들이 접근하는 것을 막기 위해 오후부터 신분증을 확인하고 이름과 주소를 기록했다. 그럼에도 불구하고 좋아하는 음악을 들으려는 사람들이 계속 모여들었다. 그들은 평생 한번만이라도 좋아하는 록스타 가까이에 있고 싶어서, 다시는 그런 기회가 오지 않을 것 같아서 그곳에 갔다고 한다. 경찰은 이들이 음악을 들을 수 없게 군용트럭의 엔진을 켜놓았다. 좋아하는 록스타의 라이브공연을 들으러 나왔는데 이를 방해하는 경찰을 반길 사람은 아무도 없을 것이다. 1987년 6월 7일 밤 동베를린 쪽의 브란덴부르크문 앞 광장에 모인 사람들도 그랬다. 자정 무렵부터 불만을 표현하는 소리가 커졌다. 경찰은 이런 젊은이들을 한사람씩 잡아서 트럭에 실었다. 경찰이 군중을 해산하기 위해 스크럼을 짜고 진압작전을 시작하자 여기저기서 소련 대사관을 향해 "고르비, 고르비"를 부르고, 누군가는 "장벽이 없어져야만 한다"라고 외쳤다.

콘서트의 마지막 날인 6월 8일에는 더 많은 사람들이 음악을 들으러 모여들었다. 그날 경찰은 전날과 같은 사태가 벌어지지 않도록 브란덴부르크문 주변 지역의 접근을 아예 차단해버렸다. 분노한 젊은이들이 다시 "장벽이 없어져야만 한다"라는 구호를 외치며 항의했다. 경찰은 전날보다 더 강력하게 진압하고 약 120명을 체포했다.

당시 현장에 있던 서독의 특파원들이 진압 장면을 촬영해서 서독의 뉴스를 통해 내보냈다. 사복을 입은 동독의 비밀경찰이 진압 과정에서 서독의 카메라팀에게도 폭력을 가하는 장면까지 서독 제1국영방송 ARD의 메인뉴스를 통해 고스란히 전달되었다. 동독의 언론은 서독 언론인들이 꾸며낸 뉴스라고 반박했지만 동독에서조차 아무도 믿지 않았다. 서독 언론은 이미 1974년 이후부터 특파원을 동독에 파견했다. 서독 미디어를 시청할 수 있었던 동독 주민들은 동베를린 주재 서독 특파원들이 전하는 동독 소식을 서독 뉴스를 통해 보았고, 동독 뉴스보다 더 신뢰했다.

1987년 6월 동베를린의 젊은이들이 없어지라고 외쳤던 베를린장벽은 2년 후인 1989년 11월 9일 실제로 무너졌다. 역사가 중에는 1987년 6월이 장벽 붕괴의 서막이었다고 보는 사람도 있다. 통일된 독일의 연방외무부는 보위의 사망소식이 알려진 2016년 1월 11일 SNS를 통해 장벽을 무너뜨리는 데 도움을 주어서 고맙다는 메시지를 보냈다. 하지만 동베를린 쪽에서 "장벽이 없어져야만 한다"라고 외치다가 경찰에 무자비하게 체포되었던 사람들에게 통일 후에 누군가 고맙다고 인사를 했다는 이야기를 듣지는 못했다. 역사는 항상 '영웅'만 기억하려 한다. 그런데 장벽을 넘어 부는 바람에 응답한 것은 그 자리에 있었던 수천명의 젊은이들이었다.

5장 장벽을 넘어 부는 바람

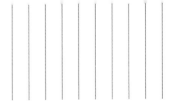

무너진 장벽

1989년 11월 9일 베를린장벽이 붕괴되었다. 장벽이 붕괴되던 날 동베를린 거리에서는 1961년 8월 13일 장벽이 세워지던 날과 비슷한 혼란이 발생했다. 동독 지도부가 주민들이 자유롭게 서베를린과 서독을 방문하는 것을 허용하기로 했다고 정부 대변인이 기자회견에서 발표했고, 여행 자유화 조치가 즉각적으로 효력을 발휘하는 것이냐는 외국 기자의 질문에 당황한 대변인이 그런 것 같다고 대답한 것이 그 직접적인 원인이다. 그러나 이러한 소식조차도 당시 동독 주민들은 서독 언론을 통해서 들어야만 신뢰했던 것 같다. 동독 정부에 대한 신뢰가 그만큼 바닥에 떨어졌던 것이다.

동독 정부의 대변인 귄터 샤보브스키Günter Schabowski가 여행 규정의 변화를 발표한 기자회견은 11월 9일 저녁 7시 동독 텔레비전에 생중계되었다. 외신 기자회견의 말미에 샤보브스키는 새로운 여행법 개정안이 어떻게 되는지 묻는 이딸리아 기자의 질문에 동독 주민 누구나 동독의 국경 검문소를 통과해서 서독으로 여행할 수 있게 된다고 답했다. 그렇다면 그런 여행을 위해 여권이 필요한지에 대한 질문과 함께 이 결정이 언제부터 효력을 가지는가 하는 질문이 추가로 이어졌다. 답변을 하기 위해 샤보브스키는 들고 있던 문서들을 뒤적거리다가 잘 알려진 것처럼 "이 조치는 내가 아는 한 즉시 효력을 발휘하게 된다"라고 답했다. 그는 1989년 11월 10일에 언론에 알리기로 결정한 이 조치의 정부 초안을 인용하면서, 이 결정에 서베를린도 포함한다고 설명했다.

동독 텔레비전을 통해 이 생중계를 본 동독의 주민들은 샤보브스키가 말한 대로 특별한 사유가 없어도 개인적으로 여행 신청서를 제출할 수 있게 되었다고 이해했다. 동독 텔레비전만 볼 수 있었던 할레대학교 기숙사에서 이 뉴스를 함께 본 학생들은 다음 날 경찰서에 가서 여행 신청서를 제출하고 서베를린 자유대학교의 존 F. 케네디 센터 도서관에 가자고 이야기했다. 그리고 기분 좋게 맥주를 마시러 갔다. 대부분의 동독 주민들도 그렇게 이해했던 것으로 보인다. 동독 텔레비전의 저녁 7시 뉴스가 끝난 직후 동독의 국경 검문소로 달려간 사람은 몇명 없었다.

19시 15분 서독 제2국영방송 ZDF의 저녁뉴스 아나운서는 샤보브스키가 방금 전에 모든 동독 주민들이 즉각적으로 국경 검문소를 거쳐 자유롭게 서독으로 여행할 수 있게 되었다고 보도했다. 그때까지도 동독과 동베를린의 국경 검문소는 조용했다. 그러나 세시간 후인 22시 40분에 서독 제1국영방송인 ARD의 심야 메인뉴스 앵커인 한스 프리드리히스Hanns Joachim Friedrichs가 장벽이 이제 그 수명을 다했고, 동독 주민들이 자유롭게 서독으로 여행할 수 있게 되었다는 멘트로 뉴스를 시작했다. 이를 본 동베를린의 주민들은 서둘러서 장벽으로 향했다. 그들은 국경 검문소 앞에서 국경을 열라고 외쳤다.

동독 지도부는 원래 이 조치를 그다음 날부터 실행하기로 했고, 9일과 10일 밤사이에 국경수비대에게 필요한 준비를 하도록 명령을 시달할 계획이었다. 주민들이 몰려들었을 때에는 아직 그런 지시가 내려오지 않은 상황이었다. 그날 동베를린의 국경 검문소에 근무하던 국경수비대원들이 냉정을 잃지 않고 침착하게 대처한 것은 독일통일 역사에서 결정적으로 중요했던 순간에 속한다. 바로 몇달 전인 1989년 6월 중국의 천안문에서는 군대가 시위하는 시민들을 무력으로 진압한 일이 있었다. 인민의 군대가 인민에게 총을 쏘는 것이 가능하냐는 질문에 대한 중국

공산당의 답이었다. 그러나 1989년 여름부터 지속적으로 이어지던 동독 시민들의 시위에도 불구하고 동독 인민군은 발포하지 않았다. 그리고 11월 9일 밤 동베를린의 국경 검문소에 있던 국경수비대도 주민들에게 발포하지 않았다. 적어도 인민의 군대로서의 정당성을 포기하지 않은 것이다. 반면 동독 주민들의 눈에는 동독체제가 이미 정당성을 상실한 제도였다.

동독체제의 균열

동독의 사회주의체제는 건국 이후부터 스스로의 정당성을 독일 역사에 지속적으로 존재했던 진보세력의 계승에서 찾았다. 그렇기 때문에 브레히트 같은 많은 좌파 지식인들이 1945년 이후 동독에 정착했던 것이다. 동구 공산권의 바르샤바조약기구와 공산권 국가들의 경제공동체였던 코메콘COMECON에 통합된 동독체제는 적어도 1970년대 초까지는 체제 내 지식인을 포함한 광범위한 사회계층으로부터 지지를 받았다. 특히 대부분의 동독 지식인들은 그때까지 동독의 사회주의체제를 서독의 자본주의체제에 대한 대안으로 간주했다.

1960년대 말 이후 사통당의 일당독재가 사회개혁을 허용하지 않는다는 비판이 커지면서 체제개혁을 요구하는 목소리가 등장했다. 특히 교회와 학계 그리고 예술계에 이런 비판적 세력이 형성되었다. 물리학자 로베르트 하베만Robert Havemann과 샹송가수이자 시인이었던 볼프 비어만Wolf Biermann을 중심으로 하는 비판적 지식인 그룹을 통제하려는 동독 정부의 노력은 권위주의적 정치에 대한 비판을 더욱 강화시켰다. 특히 1976년 서독에서 공연 중이던 비어만에게 추방령이 내려진 후 동독 사통당의 억압적 성격을 분명히 인식하게 된 비판적 지식인들과 젊은이들은 체제개혁운동을 더욱 확산시켰다. 이는 동독의 체제 정당성의 관점에서 볼 때 큰 짐이 될 수밖에 없었다. 독일 진보운동의 역사적 완결체임을 자부하던 동독의 체제가 더이상 진보적이지 못하고 기득권을 유지하려는 완고한 권력자들의 집합체로 부각되었기 때문이다.

프롤레타리아 사회의 완성을 꿈꾸던 많은 지식인들이 동독체제로부터 등을 돌린 순간부터 동독체제는 정당성을 상실하면서, 1980년대 초 이미 대부분의 동독 주민들이 비밀경찰과 같은 억압 기제에 대한 두려움을 상실했다. 주민들은 비밀경찰이 통화내용을 도청한다는 사실을 알고 있었고, 많은 사람들이 통화를 시작할 때 "비밀경찰 잘 있었니?"라고 말할 정도로 두려움이 적었다.

1985년 새로운 공산당 서기장으로 선출된 미하일 고르바초프 Mikhail Sergeevich Gorbachyo가 소련에서 개혁정책을 시작하면서 동독 내에서도 체제개혁에 대한 요구가 더욱 강력해졌다. 고르바초프의 개혁정책이 동독에 얼마나 강한 영향을 미쳤는가에 대한 경험적인 조사 결과는 없다. 그러나 동독 사통당 산하 맑스레닌이론연구소의 학자들이 소련에서 발간되던 잡지 『스뿌뜨니끄』Sputnik의 구독을 관철한 사건을 통해서 그것을 가늠해볼 수 있다. 사통당 지도부가 이 잡지의 개혁성향이 강하다는 이유로 독일어로 번역하여 판매하는 것을 금지하려고 하자, 연구소의 연구원들이 집단으로 항의서한을 작성했다. 당의 조치에 대한 집단적인 항의가 문제가 되자 비밀경찰에서 연구원들을 심문했다. 그러나 비밀경찰 요원들조차도 '고르바초프가 허용한 잡지'라는 연구원들의 논리를 받아들였고, 연구원들이 해명편지를 작성하여 이 항의소동은 없었던 일로 넘어갔다. 그 대신 연구원들은 『스뿌뜨니끄』를 계속 읽을 수 있었다. 이는 동독체제를 유지하던 대부분의 제도가 권위를 상실했다는 것을 의미한다. 이렇듯 동독체제는 1980년대에 이미 분명하게 몰락의 징후를 보이고 있었다. 일반 주민들이 비밀경찰에 대한 두려움을 상실했다는 것보다 더 분명한 증거는 없을 것이다.

서베를린의 비판적 지식인들이 동독 내의 이러한 변화를 알지 못했다는 사실이 놀랍다. 동독 사통당의 이론가들과 서독 사민당의 이론가들은 1983~87년에 정기적으로 만나서 토론했고 그 결과를 1987년 8월 공동보고서 형태로 발표했다. 이 보고서에서 진보적 좌파이념이 현대사회에서 나아갈 방향을 논할 때까지도 서독의 지식인들은 동독체제 내부에서 일고 있는 비판적 사유와 그 움직임을 중요하게 생각하지 않았다. 그리고 반체제운동에 참가한 지식인들과는 직접 교류하지도 않았다. 그것이 어쩌면 동독 내에서 체제개혁 세력이 성장하는 데 도움을 주었을 수도 있다. 만일 동독의 비판적 세력이 공개적으로 서독의 지원을 받았다면 동독 당국이 그들이 활동할 수 있는 최소한의 공간마저도 차단하였을 것이기 때문이다.

동독 당국은 비판세력의 활동공간을 완전히 차단하는 것과 같은 극단적인 조치를 취하지 않았다. 그 중요한 원인은 동독의 지도자들이 동독 국가가 더이상 위협받지 않는다는 확신이 있었기 때문이다. 동독의 최고지도자 호네커가 1987년 9월 서독을 방문했을 때 그런 확신이 더욱 강화되었다. 서독의 수도 본을 방문한 호네커를 위해 서독 군악대가 동독 국가를 연주하고 그가 서독의 수상 헬무트 콜Helmut Kohl과 함께 서독 연방군을 사열한 것이 동독의 입장에서는 서독과 동독이 동등하고 정상적인 주권국가라는 사실을 만천하에 알린 것이기 때문이었다.

이런 자신감을 바탕으로 동독 정부는 문화정책도 취했다. '베를린을 위한 콘서트'에 필적할 만한 록페스티벌도 동베를린에서 열렸다. 1988년 여름 조 코커Joe Cocker, 브라이언 애덤스Bryan Adams, 핑크 플로이드Pink Floyd, 마이클 잭슨Michael Jackson이 동베를린에서 공연했다. 브루스 스프링스틴Bruce Springsteen의 동베를린 콘서트도 열렸다. 50만명의 청중이 모여 네시간 동안 록음악의 축제를 즐긴 이 콘서트도 1년 후 장벽이 무너지는 데 기여했다고 역사가들은 말한다. 특정한 음악이 장벽이 무너지는 데 기여했다는 이야기는 그후에도 자주 나왔다. 1989년 초반 서독에서 8주간 대중음악 차트 1위를 했던 데이비드 하셀호프David Hasselhoff의 노래 「자유를 찾아서」Looking for the Freedom가 베를린장벽의 붕괴에 결정적으로 기여했다는 이야기도 돌았다. 이런 소문이 부담스러웠던 하셀호프는 직접 나서서 자기 노래와 베를린장벽은 아무 관련이 없다고 강조하는 해프닝도 있었다. 1989년 그의 노래를 좋아하던 서독의 대중음악 팬들이나, 1988년 동베를린에서 대규모 록페스티벌을 준비한 동독의 지도부는 1989년 11월에 벌어질 일을 꿈도 꾸지 않았다. 동독의 지도자들은 오히려 국제사회에서 서독과 동등한 위치에 서게 되었다는 자신감으로 동독 내에서 일어나던 체제개혁운동에 대해 비교적 유화적인 정책을 취했다.

동독 내에서 반체제운동을 주도하던 세력은 두 그룹으로 구분되었다. 하나는 전통적으로 교회를 중심으로 움직이던 세력이었고, 다른 하나는 1980년대 서독에서 새로운 정치세력으로 부상한 녹색당과 사민당의 정치적 이념을 혼합한 민주적 사회주의를 동독에서도 실현하고자 하는 세력이었다. 이들은 1989년까지 동독 내에서 시민운동과 체제개혁운동을 주도했다. 라이프치히를 시작으로 동독의 많은 도시에서 진행되었던 1989년 가을 촛불행진은 이런 저항운동의 정점을 이루었다. 이들은 1989년 11월 9일, 베를린장벽이 무너지던 날까지도 동독의 체제개혁을 요구했다. 이들이 외친 구호는 "우리가 주인이다!"Wir sind das Volk였다.

대사관 점령자들

동독의 사회운동가들은 체제개혁을 요구했지만, 동독을 떠나려고 하지는 않았다. 반면 일반 주민들은 장벽이 세워진 이후에도 계속해서 동독을 떠나려고 했다. 그런 사람들이 1989년 여름 동유럽의 서독 대사관에 대거 진입하면서 프라하, 바르샤바에서 소위 말하는 '대사관 난민' 문제가 발생했다. 이 문제를 해결하기 위해 동독과 서독, 주변 국가의 정상들과 외무장관들이 공식적·비공식적으로 계속 협상을 펼쳤고, 동독 지도부에게 조속한 시일 내에 근본적인 해결책을 마련하라고 요구했다. 그러나 1989년 여름까지도 대사관 난민 문제가 궁극적으로 베를린장벽의 붕괴를 야기할 시발점이 될 것이라고는 아무도 예상하지 못했다.

동독은 건국 이후 지속적으로 동독을 떠나 서독으로 가려는 사람들 때문에 골머리를 앓았다. 동독에서 국가가 제공하는 훌륭한 교육을 받아 전문인력으로 성장한 젊은이들이 대거 서독으로 떠나는 것은 국민경제에 막대한 손실이었다. 그렇기 때문에 동독은 장벽을 세워서까지 주민들이 서독으로 가는 것을 막으려고 했던 것이다. 그러나 장벽 건설도 국경을 넘으려는 시도를 완전히 차단할 수 없었다. 국경을 넘어 서독으로 탈출하려고 시도하는 동독인들은 지속적으로 발생했다. 그러한 시도가 성공한 경우도 있지만 실패한 경우도 적지 않았다. 1949~89년 사이에 1134명이 동서독 국경에서 사망했고, 약 7만 5천명이 '공화국 이탈'이라는 죄목으로 법정에 섰다. 동독은 동구권 국가들 중에서도 특히 많은 주민이 서방세계로 탈출한 국가에 속한다. 1946~82년 사이에 동독 주민의 5분의 1이 소련군 점령지, 즉 동독을 떠났다. 동구권 국가 중에서는 체코슬로바키아만 이와 유사한 비율의 주민이 떠났다.

특히 1987년 이후부터는 동독을 떠나겠다는 사람들이 계속해서 시위를 하며 자신의 의사를 표명했다. 1989년 3월 라이프치히박람회 기간 중에는 약 300명의 시민들이 니콜라이 교회에서 예배를 마친 후 "우리는 나가고 싶다!"라고 외치면서 가두시위를 했다. 당시 동독의 비밀경찰은 시민들의 불만이 폭발하지 않도록 하기 위해 라이프치히 주변 지역의 이주 신청자 중 4천 명에게 이주를 허락하겠다고 발표했다. 비밀경찰의 발표는 그들이 기대한 것처럼 시민들을 진정시키지 못했고, 오히려 서독으로 이주를 희망하는 사람의 수가 기하급수적으로 증가했다.

이 시기 동독 주민들은 동독 당국이 이주신청서를 신속하게 처리하도록 압력을 넣기 위해 동베를린에서 서독의 대사관과 같은 역할을 하던 상주대표부 또는 동구권에 있는 서독 대사관에 들어갔다. 1989년 초 서독으로 이주를 원하는 동독 주민이 동베를린 주재 서독 상주대표부에 네 명, 프라하 주재 서독 대사관에 다섯 명이 체류했다. 동독 정부는 가능한 한 그런 사례가 외부로 알려지는 것을 막기 위해서 그때까지 종종 있었던 '대사관 점령자'들을 처벌하지 않고 신속하게 이주를 허락하는 방식으로 대응해왔다. 그런데 1989년 여름 서독으로 이주하기를 원하는 동독 주민들이 대거 동구권 주재 서독 대사관으로 진입한 것

프라하 주재 서독 대사관의 담장을 넘어 대사관으로 들어가려고
하는 동독 주민과 그를 제지하려는 체코슬로바키아 경찰. 대사관
담장을 이미 넘어간 사람들이 안에서 그를 붙잡고 있다. 1989년
9월 이 사진이 전세계적으로 보도되면서 대사관 난민 문제가 국
제적으로도 주목받게 되었다.

이다.

1987년 이후 동독 주민들은 동독에서 개혁이 일어날 것이라는 희망을 포기했다. 이들에게는 소련에서 개혁정책을 추진하는 고르바초프가 유일하게 희망을 주는 상징적인 인물이었다. 그런 이유로 1987년 6월 7일 밤 동베를린의 록음악 팬들이 소련 대사관 앞에 가서 "고르비"를 외쳤던 것이다. 그러나 1989년이 되자 그의 개혁이 실패할 경우 동구권 전체의 상황이 훨씬 악화될 것이라는 우려가 일었다. 게다가 서독 내부에서는 대거 탈출해 오는 동독 주민들을 어디까지 수용해야 하는지에 대한 논의가 벌어졌다. 그런 현상을 보면서 동독 주민들 사이에 언젠가는 서독이 국경을 폐쇄할지도 모른다는 우려가 생겨났고, 많은 사람들이 즉각적으로 동독을 떠나 서독으로 가기로 결정했다.

1989년 8월 초, 131명의 동독 주민들이 동베를린 주재 서독 상주대표부에서 나가기를 거부하자 대표부 공관이 폐쇄됐다. 14일에는 부다페스트, 22일에는 프라하 주재 서독 대사관들도 밀려드는 동독이탈주민들로 인해 공관을 폐쇄했다. 그럼에도 불구하고 동독에서 서독으로 이주를 원하는 사람들이 대사관 담장을 넘어 계속 대사관에 진입했다.

8월 14일 서독의 콜 수상이 호네커에게 서신을 보내 이 문제를 해결하기 위해 건설적으로 협력할 의사가 있으며, 양국 간의 관계를 더이상 어렵게 만들지 않기 위한 비공개회담을 제안했다. 호네커는 동독 주민의 이주 문제는 동독이 결정할 일이라고 답했다. 그는 서독이 동베를린, 프라하, 바르샤바, 부다페스트의 서독 상주대표부와 대사관에 체류하고 있는 동독 주민들을 조속히 내보내지 않으면 동서독 관계가 어려워질 것이라고 경고했다. 그때까지도 동독의 지도부는 상황이 얼마나 심각한지 정확하게 파악하지 못하고 있었다.

대사관에 진입한 동독이탈주민의 수가 지속적으로 급증하면서 동서독 정상 간의 비공개회담은 성사되지 않았다. 그러나 동구권 주재 서독 대사관에 진입한 동독이탈주민 문제를 해결하기 위한 논의는 지속적으로 이루어졌다. 동독 측에서는 서독의 재외공관에서 나가기를 거부하는 탈동독자 문제의 근본적인 이유는 동독 주민이 서독 상주대표부와 대사관에 체류하는 것을 서독 당국이 허용하기 때문이라고 비난했다.

1989년 여름 '대사관 난민' 문제를 두고 동독과 서독 정부는 일종의 기싸움을 벌였다. 오랫동안 서독에 동독 국적을 인정할 것을 요구해왔던 동독과, 독일 영토에 두개의 정상적인 주권국가가 존재한다는 것을 인정하지 않는 원칙을 고수하는 서독이 부딪힌 것이다. 1989년 동독 지도부는 서독 연방정부가 동독 주민을 자국 국민으로 간주하고 그들을 보호해야 할 의무가 있다고 보는 입장을 유지하고, 동독 국민들에게 독일연방공화국의 국적을 받을 수 있다는 가능성을 제시하는 한 '대사관 난민' 문제를 해결할 수 없다고 보았다. 그러나 대사관 난민이 지속적으로 증가하자 동독 정부는 점차 동맹국들로부터 이 문제를 조속히 해결하라는 압력을 받게 되었다. 동독 측에서 제시한 해결책은 서독의 상주대표부에 들어가 있는 동독이탈주민들이 자진해서 건물에서 나와 고향으로 귀환할 경우, 당국이 그들을 이주 신청을 한 사람들과 동일하게 간주해서 신속히 이주 신청서를 처리해주겠다는 것이었다. 그 기간 동안에는 기존의 직장으로 복귀할 수 있도록 해주며, 동일한 직장으로 복귀하지 못하는 경우라도 실업자가 되지 않도록 해주겠다고 했다. 만일 이주 신청을 위한 변호사를 찾지 못할 때에는 변호사를 찾을 수 있도록 도와주겠다고도 했다. 서독 상주대표부 건물에 체류하고 있는 동독이탈주민들이 이러한 사실을 믿으려 하지 않는다면, 동독 당국으로부터 위임을 받아 이민 문제와 정치범 석방 문제를 담당하던 변호사가 직접 나서서 이 약속을 보증해주겠다고 했다. 프라하 주재 서독 대사관에 있는 동독이탈주민들에게도 동일한 조건을 적용할 것이라고 했다.

동베를린의 서독 상주대표부에 체류하던 동독 주민들은 이 조건을 수용하고 9월 8일에 대표부를 떠났다. 그러나 부다페스트, 바르샤바, 프라하 주재 서독 대사관에 체류하던 동독이탈주민 문제는 여전히 해결되지 못했다. 동독 당국은 계속해서 자신의 입장을 고집했다. 그러나 당시 헝가리에 체류하던 5천~1만 명의 동독이탈주민은 동독으로 돌아갈 의사가 전혀 없었다. 프라하와 바르샤바의 상황도 마찬가지였다. 좁은 대사관 건물에서 수천명의 인원이 생활해야만 했기 때문에 위생시설을 비롯해 모든 물자가 부족했을 뿐만 아니라, 질병이 발생할 위험도 있었다. 그런 상황에서 헝가리 정부는 자체적인 해결책을 찾았다. 서독으로부터 10억 마르크의 차관 지원을 약속받고, 1989년 9월 10일 헝가리에 있는 동독이탈주민들에게 본인이 가고 싶은 국가로 가는 것을 허용한다는 방침을 발표한 것이다.

헝가리 정부가 전격적으로 국경을 개방한 후 동독 내에서는 정부가 국경을 전면적으로 폐쇄할 수 있다는 우려가 확산되면서 동독을 이탈하려는 주민의 수가 급증했다. 체코슬로바키아를 거쳐서 헝가리로 가는 것이 어려워지자 프라하 주재 서독 대사관으로 향했다. 당시 체코슬로바키아 정부는 헝가리의 개혁 정부와 달리 동독을 전적으로 지지하고 있었다.

탈출의 신호탄, 서독행 열차

9월 29일 동독 정부는 '인도주의적인 사유'로 바르샤바와 프라하 주재 서독 대사관에 진입한 동독이탈주민을 열차에 태워 동독 영토를 지나 직접 서독으로 이동시키는 것에 동의한다는 결정을 내렸다. 이 결정이 내려지기까지 동독과 서독, 체코슬로바키아 간에 치열한 외교전이 벌어졌다. 체코슬로바키아 정부가 동독의 입장을 옹호하고, 동독이 기존의 입장을 계속 고집하는 한 대사관 난민 문제를 해결할 가능성이 없어 보이자, 서독 연방정부의 한스디트리히 겐셔Hans-Dietrich Genscher 외무장관은 뉴욕에서 미국, 프랑스, 소련의 동료들을 만나 도움을 요청했다. 체코슬로바키아의 대주교에게도 도움을 요청했다.

그사이 프라하 주재 서독 대사관에 체류하는 동독이탈주민의 수는 지속적으로 증가해서 9월 29일 21시 당시 3500명이 되었다. 대사관 건물이 그 정도로 많은 인원을 수용할 수 있게 지어지지 않았기 때문에 건물 자체가 안전하지 못했고, 화장실과 욕실을 비롯한 위생시설이 부족해 전염병이 발생할 위험, 화재와 같은 재난이 발생할 경우 대규모 참사로 이어질 위험도 있었다. 가장 큰 문제는 잠을 잘 수 있는 침상이 절대적으로 부족했다. 대사관의 사무실을 비워서 동독이탈주민들에게 제공했지만, 비

프라하 주재 서독 대사관 앞에 몰려든 동독이탈주민의 모습.

좁은 공간에 많은 수의 사람들이 들어차 있었기 때문에 모두들 신경이 곤두서서 일촉즉발의 상황이었다.

당시 서독의 언론은 프라하 주재 서독 대사관의 건물과 정원을 가득 메운 동독이탈주민의 상황을 지속적으로 보도했다. 그로 인해 동독 당국과 동독의 입장을 지지하는 체코슬로바키아 정부가 비인도적이라는 국제여론의 비난이 쏟아졌다. 당시 프라하의 거리는 동독에서 온 승용차들 때문에 정체되었고, 서독 대사관에 체류 중인 동독이탈주민 문제를 조속히 해결하라는 체코슬로바키아 교회와 야당그룹, 국제사회의 압력이 지속적으로 증가하고 있었다. 결국 체코슬로바키아 공산당 중앙위원회의 회의에서는 동독 정부가 10월 7일에 사면을 발표하고, 동독이탈주민이 동독을 거쳐 출국해서 서독으로 입국할 수 있게 허용하며, 이를 위해 버스를 제공하는 것이 바람직하다는 결론을 내렸다.

9월 29일 동독 사통당 중앙위원회 정치국은 프라하와 바르샤바 주재 서독 대사관에 있는 동독이탈주민들이 열차편으로 동독 영토를 거쳐 서독으로 이동하는 것을 허용하기로 결정했다. 특별열차가 동독 영토를 지나가는 것을 이탈주민들이 다시 동독으로 돌아오는 것으로 간주하고, 그들이 동독 당국의 허락을 받아서 즉각적으로 서독으로 이주하는 것으로 인정한다는 것이었다. 동시에 서독 측에 앞으로는 동독 주민을 서독의 재외공관에 받아들이지 않을 것을 요구하고, 동독 미디어로 하여금 당국의 이런 인도주의적 행동에 관한 논평을 발표하게 했다. 사통당 정치국의 결정은 같은 날 체코슬로바키아와 서독에 통보되었다. 뉴욕에 있던 겐셔 외무장관은 동독의 외무장관 오스카어 피셔Oskar Fischer로부터 이 결정을 전해 들었다.

서독 정부가 동독 측의 제안을 수용하면서, 9월 30일과 10월 1일 사이에 동독이탈주민을 이동시키기로 했다. 문제는 동독이탈주민들이 동독 땅을 지나는 열차에 탑승할 것인가 하는 것이었다. 1989년 9월 30일 오후 늦은 시간에 프라하 주재 서독 대사관에서 독일통일 과정 중 역사적인 장면의 하나로 기록된 순간이 연출되었다. 30일 늦은 오후 프라하에 도착한 겐셔 장관은 대사관의 발코니로 나가서 "나는 오늘 여러분에게 이주가 허용되었다는 사실을 알려주러 이곳에 왔습니다"라고 이야기했다. 그가 이 말을 채 마치기도 전에 대사관에 몰려 있던 4천여명의 동독이탈주민들이 환호성을 질렀고 현장에 있던 기자들은 신속하게 그 소식을 타전하기 위해 모두 자리를 떴다. 겐셔 장관은 흥분이 가라앉을 때까지 기다린 후에, 군중이 조용해지자 서독으로 이동하는 방법을 설명했다. 특별열차를 타고 동독 영토를 거쳐 서독으로 간다고 말하자 4천여명이 모두 그건 아니라고 소리

1989년 9월 30일 프라하 주재 서독 대사관 발코니에서 겐셔 외무장관이 동독 주민들에게 열차를 타고 서독으로 이동할 것이라고 발표하고 있다.

쳤다. 겐셔 장관은 특별열차의 안전을 보장할 뿐만 아니라 자신의 보좌관이 직접 이 열차에 동승해서 모든 사람들이 안전하게 서독으로 갈 수 있도록 책임질 것이라고 설득했다. 겐셔 장관이 대사관 발코니에서 흥분한 동독 주민들을 설득하는 장면이 언론에 전혀 보도되지 않았던 이유는 당시 현장에 있던 기자들이 모두 본사로 타전하기 위해 자리를 떴기 때문이다. 이 모든 장면을 옆에서 지켜본 보좌관이 놀란 눈으로 장관을 보자, 그는 이런 소식을 전달하는 과정에서 가장 중요한 것은 사람들의 마음을 먼저 얻는 것이라고 설명했다. 외교협상의 달인이라고 알려진 겐셔 장관의 역량이 진가를 발휘한 순간이었다.

겐셔 외무장관이 프라하의 서독 대사관 발코니에서 동독 주민들에게 서독으로 이동할 것이라고 발표하고 두시간이 채 지나지 않은 7시 30분, 이들을 실은 첫번째 특별열차가 서독을 향해 출발했다. 이 열차가 동독 영토를 통과할 때 그 지역의 주민들에게 알리지 않았음에도 불구하고, 사람들이 열차를 향해 손을 흔들었다. 서독과 서방국가의 모든 언론이 대대적으로 보도했기 때문에 동독 주민은 그 소식을 충분히 들을 수 있었던 것이다.

10월 1일 아침 프라하 주재 서독 대사관에는 동독이탈주민이 한명도 남아 있지 않았다. 동독 당국은 9월 30일의 결정이 일회적인 결단이라고 보았을 것이다. 그러나 9월 30일의 결정은 동독을 떠나기로 결심했던 주민들에게는 당장 실천에 옮겨야만 한다는 신호탄과도 같았다. 이들은 가장 손쉽게 접근할 수 있는 서독 공관인 프라하 주재 서독 대사관으로 향했다. 결과적으로 9월 30일 저녁 첫번째 특별열차가 출발한 이후 수송해야 할 인원은 줄어든 것이 아니라 지속적으로 증가했다.

체코슬로바키아로 향하는 동독이탈주민의 행렬이 계속 이어지자 10월 3일 동독 당국은 체코슬로바키아와의 국경을 폐쇄하기로 결정했다. 10월 4일 드레스덴의 비밀경찰은 동독과 체코슬로바키아 간의 국경에서 여권과 비자에 대한 검문을 시작했다. 동시에 동독이탈주민을 실은 특별열차가 지나는 지역에 주민들이 대거 모여, 열차에 올라타려고 시도한 경우도 있었다. 동독을 벗어나려는 사람들의 바람은 그만큼 절실했다.

동독이탈주민의 행렬, 개혁으로 이어지다

물론 동독 주민들 모두가 동독을 벗어나기를 희망한 것은 아니다. 비밀경찰의 통계를 보면 1989년 1월에서 10월까지 10개월 동안에 동독의 총인구 1600만명 중에서 1퍼센트 정도의 사람들이 서독으로 떠나겠다는 의사를 직접 표시했거나 실제로 시도한 것을 알 수 있다.

그렇다고 동독을 떠나려 하지 않은 사람들이 사통당의 지배체제를 지지한 것도 아니다. 1989년 9월 이후 라이프치히를 중심으로 시작된 월요일의 촛불시위는 10월이 되면서 그 규모가 지속적으로 커져서 수만명의 참가자가 모이는 대규모 정치집회로 발전했다. 사통당 최고지도자가 10월 18일 호네커에서 에곤 크렌츠Egon Krenz로 교체된 것도 아래로부터의 이런 압력 때문이었다. 크렌츠는 취임 이후 동독도 개혁정책을 취할 것이라고 선언하고, 10월 24일에는 동독의 국경을 다시 개방하기로 했다. 크렌츠는 10월 26일 콜 수상과의 전화통화에서 여행 자유화의 도입 가능성을 언급하면서, 단순한 실무적인 조치 이상의 결단을 고려하고 있다고 암시했다. 동독 당국이 이미 10월 말에 여행 자유화 조치를 고려한 것이다. 그러나 이 조치를 도입하기 위한 실질적인 준비를 시작하지는 않았던 것으로 보인다. 만일 그랬더라면 11월 9일 밤 동독의 국경수비대가 아무런 준비 없이 국경을 넘어가보겠다는 군중과 부딪히지 않았을 것이기 때문이다.

1989년 11월 9일 외신 기자회견에서 샤보브스키가 발표한 내용을 서독 언론이 보도한 이후 동독 국경수비대와 사통당 지도부가 대응한 방식은 40년간 동독체제를 유지해온 권력기구라고

5장 장벽을 넘어 부는 바람

믿기 어려울 정도로 당황한 모습이었다. 1961년 8월 13일 장벽을 세우기로 결정하고 프리드리히슈트라세역의 노선을 차단하기로 해놓고는 그에 필요한 다른 대책을 강구하지 않아서 혼란이 발생했을 때와 크게 다르지 않았다.

1989년 가을 이미 동독 시민들은 지도부의 무력함에 분노하고 있었다. 1989년 8월 중순까지만 해도 동독사회의 일반적인 분위기가 일종의 자포자기적인 감정이 지배적이었던 반면에, 대규모 탈출 사태가 발생한 이후에는 경악과 분노로 변해갔다. 동독 이탈의 움직임이 시작되었을 때만 해도 동독 시민들은 지도부가 주민을 잃어버렸으니 고소하다는 생각을 하기도 했다. 하지만 대규모 탈출 사태로 변한 이후에는 국가의 장래에 대한 염려와 함께 무력한 지도부에 대한 분노로 변했다. 이러한 분위기는 그동안 아무것도 할 수 없다는 무력감에 빠져 있던 많은 동독 시민들이 스스로 개혁의 의지를 갖게 만들어준 것으로 보인다. 동독 시민들은 또한 내부로부터의 개혁을 추구하는 분위기가 형성되는 데 긍정적으로 기여했다. 라이프치히를 비롯한 도시들에서 열리던 월요일 시위에 참여한 시민들, 변화를 위해 직접 나서기로 결정한 시민들이 결성한 노이에스 포럼Neues Forum과 같은 단체는 이탈주민들이 동독을 떠나겠다고 외친 것과 반대로 우리는 이곳에 남겠다고 외치면서 변화를 가져오겠다는 의지를 보였다. 노이에스 포럼을 중심으로 모인 동독의 시민들은 장벽 붕괴 직후 동독의 개혁을 추진하는 주체적인 세력이 되었다.

1989년 여름 이후 지속적으로 이어진 동독이탈주민의 행렬이 장벽의 붕괴와 개혁으로 이어지는 과정은 분명 한편의 드라마였다. 대사관 난민 문제를 두고 서독과 동독, 체코슬로바키아와 헝가리 사이에 벌어진 외교협상은 손에 땀을 쥐게 하는 장면의 연속이었다. 모든 것이 예측할 수 없이 긴박하게 돌아가는 상황에서도 동독 당국은 적어도 절차상으로는 자신의 체면을 지키려고 안간힘을 썼다. 모든 정황상 절대적으로 유리한 입장에 있었지만, 서독은 힘의 우위를 과시하면서 동독에 굴욕감을 준 것이 아니라 동독의 요구를 최대한 고려하면서 수용할 수 있는 해결책을 찾기 위해 조심스럽게 노력했다. 동독을 떠나려고 하는 사람들이 체코슬로바키아를 거치지 않고 동독에서 서독으로 직접 갈 수 있게 하라는 제안도 서독이 아니라 체코슬로바키아 정부가 내놓았다. 서독 연방정부는 대사관 난민 문제로 인해 자신의 입장이 곤란해질 것을 우려한 체코슬로바키아 정부에 한편으로는 압력을 가하는 한편, 문제 해결을 위해 우호적인 입장을 보인다면 충분히 지원할 의사가 있다는 신호를 보냈다. 특히 체코슬로바키아와 독일 간의 특수한 역사를 고려해 여론의 감정

5장 장벽을 넘어 부는 바람

을 자극하지 않도록 조심스러운 정책을 취한 것을 볼 수 있다. 동시에 동독이탈주민 문제를 해결하는 데 우호적이었던 헝가리 개혁정부에는 적극적으로 지원했다.

그러나 1989년 7월에서 11월 9일까지 이어진 드라마의 주연은 의심의 여지 없이 동독이탈주민들이었다. 베를린장벽의 붕괴라는 한편의 역사드라마는 동독을 벗어나 서독에 가서 살겠다는 의사를 가진 이들의 발에 의해서 만들어진 것이다.

6장

BERLIN

다시
하나가
된

베를린의
열망

통일독일의 수도

1990년 10월 3일 베를린 제국의회 광장에서 독일통일 기념식이 열렸다. 그러나 베를린은 아직 통일독일의 수도가 아니었다. 베를린과 서독의 수도인 본, 둘 중 어느 도시가 통일독일의 수도가 될 것인지에 관한 최종결정은 1991년 6월 20일에서야 내려졌다. 1990년 3월 18일에 열린 동독 최고인민회의 자유총선거에서 동독 주민 대부분이 신속하게 통일을 실현하자는 로타어 데메지에르Lothar de Maiziere가 이끄는 '독일연합'을 지지하자, 베를린 주민들은 당연히 베를린이 통일독일의 수도가 될 것이라고 믿었다.

그러나 막상 통일조약에 대한 협상이 시작되자 서독 연방의회 의원들을 중심으로 통일독일의 수도는 본이 되어야 한다는 주장이 제기되었다. 서독의 수도였던 본이 그대로 수도가 되는 것이 통일독일에 역사적인 부담을 덜어준다는 이유였다. 두 차례 세계대전을 일으킨 독일의 암울한 과거로부터 베를린은 자유롭지 못하다는 것이었다. 통일 기념식이 진행되던 1990년 10월 3일에도 서독의 민주주의를 상징하는 본이 수도가 되어야만 한다는 의견을 내세우는 의원들이 적지 않았다.

통일조약을 협상하는 과정에서 수도 문제에 대한 합의점을 찾지 못한 동독과 서독의 대표단은 1990년 12월의 총선거를 통해 구성될 새로운 연방의회에서 논의해 결정하는 것으로 결론지었다. 그후 1991년 6월 20일까지 독일 연방의회는 통일독일의 수도 문제를 두고 두 진영으로 나뉘어 열띤 설전을 벌였다. 독일 현대사를 전공하는 사람들은 수도 문제를 둘러싼 논란을 두고 독일 의회민주주의가 가장 빛을 발했던 순간이라고 평가한다. 그것은 무엇보다 연방의회에 진출한 정당들이 수도 선정과 관련된 최종적인 결정을 의원 개인의 판단에 맡기기로 했기 때문이다. 원내 교섭단체들 간의 밀실협상에서 미리 결정이 내려지고, 소속 의원들에게 그 결정을 무조건 지지할 것을 요구한 것이 아니라, 의원 개개인의 합리적 판단에 따라 자율적으로 의결하도록 했다.

통일독일의 수도, 베를린에 대한 찬반양론

드디어 1991년 6월 20일 열린 연방의회 본회의에서 베를린이 338표, 본이 320표를 얻음으로써 베를린이 통일독일의 수도가 되었다. 그날 아침까지만 해도 본이 계속해서 수도로 남는 것을 옹호하는 의원들의 수가 더 많다는 분석이 지배적이었다. 이날 본회의에 발언 신청을 한 의원의 수가 총 107명이었다. 독일 연방의회 역사상 가장 많은 숫자였다. 저녁 늦게까지 의원들의 발언이 이어졌다.

본을 선호하는 의원 중에는 기민당 소속 연방정부 노동복지 장관인 노르베르트 블룀Norbert Blüm이 있었다. 그는 통일 이후 몇년 안에 베를린이 600만이 넘는 주민들이 거주하는 거대도시가 될 것이기 때문에 수도가 아니라도 자연스럽게 문화적·경제적 중심지가 될 것이라고 보았다. 그의 의견에 동조하는 젊은 의원들은 베를린이 구시대적인 민족국가 권력을 상징한다고 강조하며, 국경이 없는 유럽에는 이러한 구시대의 산물이 필요하지 않다고 주장했다.

베를린이 통일독일의 유일한 수도가 되어야 한다고 주장하는 의원들은 사민당의 브란트 전 수상, 기민당의 콜 수상, 볼프강 쇼이블레Wolfgang Schäuble 내무장관 등이었다. 브란트는 베를린은 어려운 시기에 자유를 지킨 파수꾼이었다고 하면서, 온전한 수도가 아닌 어떤 수식어도 베를린에 어울리지 않는다고 역설했다. 쇼이블레 내무장관은 하나가 된 독일의 미래를 위해, 그리고 독일 국민이 하나가 되었다는 것을 느낄 수 있도록 베를린을 수도로 만들어달라고 호소했다. 감성에 호소한 쇼이블레 장관이 발언을 마치고 자기 자리로 돌아갈 때 여러 의원들이 일어서서 박수를 치기 시작했다. 그리고 브란트가 일어나서 그에게 다가가 손을 잡았다.

독일의 언론들은 쇼이블레 장관의 감성에 호소한 연설이 그때까지 마음을 정하지 않았던 의원들을 움직였다고 평가한다. 의결 결과를 보면 지역구에 매이지 않은 소수당 소속 의원들이 대부분 베를린에 표를 던졌고, 지역구를 관리해야 하는 기민당과 사민당 소속 의원 다수가 본에 표를 던졌다. 지역적으로는 독일 남서부 지역의 의원들이 본을 선호했고, 북동부 지역의 의원들이 베를린을 지지했다. 만일 1991년 당시 열명 정도의 의원들이 본으로 표를 던졌더라면 통일독일의 권력 중심은 슈프레강이 아니라 서독 당시처럼 여전히 라인강변에 있었을 것이다.

1991년 6월 통일독일의 수도로 확정되면서 베를린은 독일 현대사의 새로운 중심에 다시 서게 되었다. 그러나 베를린이 수도로서의 제 기능을 발휘할 수 있는 인프라를 갖추는 작업은 베를린 주민들의 기대보다 더디게 이루어졌다. 연방의회, 연방수상청, 연방정부의 부처들이 완전히 이전한 것은 2000년대에 들어서다. 또한 베를린의 주민 수는 증가하지 않고 오히려 한동안 감소하는 추세를 보였다.

1990년 말까지도 서독 지역 주민들의 절대다수가 베를린으로 수도를 옮기기로 한 것이 잘못된 결정이었다고 본다는 여론조사 결과가 발표되기도 했다. 언론은 연방정부와 연방의회를 이전하기 위해 소요되는 높은 비용에 대해 끊임없이 불만을 제기했다. 통일 이후 구동독 지역을 개발하기 위해 많은 자금이 들어가는데, 수도 이전 비용까지 추가해야 하느냐는 비판도 나왔다. 그러나 1999년 제국의회 건물의 수리가 완료되고, 연방의회가 베를린으로 완전히 이전하고, 슈프레강을 중심으로 수상청과 연방정부의 건물들이 완성되고, 각 부처가 제 기능을 발휘하기 시작한 이후 아무도 베를린이 독일의 수도여야 할 이유가 있느냐는 불만을 제기하지 않는다. 오히려 베를린은 항상 독일의 수도였다는 말을 당연하게 한다. 분단시기에 동베를린이 동독의 수도였으니까 베를린이 항상 독일의 수도였다는 말은 틀리지 않다. 동독의 역사도 독일 역사의 일부이기 때문이다.

동서베를린의 통합

통일독일의 수도가 된 베를린은 독일의 다른 어느 도시와 비교할 수 없을 정도로 급격한 변화를 겪었다. 독일 연방주들 중에서 베를린만이 유일하게 동과 서로 분리되었던 행정단위를 하나로 통합해야만 했다. 연방주의의 원칙에 따라 구동독 지역에 다섯개의 지방자치단체인 새로운 연방주를 구축하는 것과는 완전히 다른 성격의 과제였다.

40년 동안 분리되어 발전한 두 도시를 행정적·공간적·정신적으로 하나의 도시로 만드는 것이 하루아침에 해결할 수 있는 일은 아니었다. 그러나 통일과 동시에 해결해야만 하는 문제들도 있었다. 1990년 10월 3일 통일 기념식의 안전 관리가 바로 그런 사례다. 베를린 제국의회 광장에서 진행된 이 행사의 안전 관리는 동베를린과 서베를린 각각의 경찰이 아니라 통합된 베를린 경찰이 담당해야 했다. 이를 위해 베를린의 경찰은 독일이 형식적으로 통일되기 전인 1990년 10월 1일에 먼저 통합되었다. 베를린 경찰은 10월 1일부터 동독의 영토인 동베를린의 치안도 담당했다.

이를 위해 경찰의 복장과 차량이 교체되고, 관할 영역과 조직이 개편되었다. 당시 베를린 경찰의 지도부는 동베를린과 서베를린 경찰인력이 원활하게 통합되도록 현장에서 근무하는 경찰을 혼합한다는 원칙을 세웠다. 1990년 10월 1일 통합된 베를린 경찰의 총인원은 2만 9천여명이었다. 서베를린에 1만 7천여명, 동베를린에 1만 1천여명이 근무했다. 이들 중 약 2700명의 동베를린 경찰이 서베를린에, 약 2300명의 서베를린 경찰이 동베를린에 배치되었다. 동베를린과 서베를린 출신 경찰이 함께 순찰차를 타고 근무하게 된 것이다. 1990년 당시 베를린 경찰의 통합작업을 담당했던 내무장관과 경찰 지도부의 인사들은 통일과 동시에 동서베를린의 경찰들이 함께 근무했기 때문에 베를린 경찰 통합이 비교적 원활하게 진행될 수 있었다고 평가한다.

그러나 1990년 당시 베를린 경찰의 관리자들이 미처 생각하지 못한 문제가 있었다. 같은 순찰차를 타고 함께 근무하는 서베를린 출신 경찰과 동베를린 출신 경찰의 급여가 서로 달라서 감정적인 문제가 발생할 수 있다는 것이었다. 동베를린 출신 경찰의 급여는 서베를린 출신 경찰 급여의 60퍼센트였다. 통일 이후 구동독 지역의 주민들은 경찰뿐만 아니라 모든 영역에서 동일한 업무를 담당하더라도 서독 지역의 동료들보다 낮은 급여를 받았다. 구동독 지역과 서독 지역의 급여가 동일해지기까지 20년이 넘는 시간이 걸렸다. 급여 차이로 발생할 감정적인 문제까지 고려하기에는 독일통일 초기에 신속하게 해결해야 할 과제들이 분명히 너무 많았다.

당장 동베를린에 있는 학교에서 12년 동안 공부해온 고등학교 과정 졸업반 학생들이 서베를린의 고등학교인 김나지움 Gymnasium 졸업반 학생들과 동일한 졸업시험을 봐야 하는 문제를 해결해야 했다. 독일의 다른 연방주들과 달리 베를린에서는 자본주의와 사회주의 체제하에서 서로 다른 교육을 받은 학생들이 함께 대학입학 자격시험인 아비투어를 봐야 했던 것이다. 통일로 인해 교육체계가 변했다는 이유로 한 학년 전체를 유급시킬 수는 없었다. 이에 비하면 동베를린의 시행정청을 서베를린의 시행정부 조직과 통합하는 작업은 비교적 쉽게 해결할 수 있는 문제였다. 단절된 도시철도 순환선을 잇고, 유령역이었던 지하철역들을 다시 복구하는 것도 비교적 문제없이 진행될 수 있는 일이었다. 지하하수통로, 상수도관, 가스관, 전선의 재정비와 같이 재정으로 해결할 수 있는 문제와 재정만으로 해결할 수 없는 문제들이 산적해 있었다.

동베를린과 서베를린의 통합은 단순히 조직과 기구를 통합하는 것을 넘어 상이한 조직문화와 작업 방식에 익숙해진 사람들을 함께 근무하게 만드는 것이었다. 이런 과정에서 갈등이 발생하지 않을 수 없었다. 어떤 조직에서든 발생할 수 있는 인간적인 문제들 외에도 각기 자본주의체제와 사회주의체제에서 사회화된 사람들이 갑자기 동료가 되었을 때 서로 이해하지 못하는 일들이 일상적으로 벌어질 수밖에 없었다.

이런 문제는 통일된 후에도 오랫동안 일어났다. 물자가 귀했던 동독에서 사회화된 사람들은 대부분 어떤 물건도 함부로 버리지 않았다. 오래된 책상, 의자, 심지어 빈 상자도 언젠가 다시 필요할 수도 있다는 생각에 보관하는 것이 습관이었기 때문이다. 깨끗하고 잘 정돈된 업무공간에서 근무하기를 원하는 사람의 눈에는 폐품을 쌓아놓는 것처럼 보일 수도 있었다. 이런 상이한 삶의 방식이 직접 부딪힐 때 갈등이 발생하는 것은 당연했다. 통일된 베를린에서 직장을 다니는 모든 사람들은 그렇게 매일 서로 부딪히면서 서로를 이해하는 방식을 배웠다.

메트로폴리탄 베를린의 귀환

분단된 베를린과 1990년대 초반의 베를린을 기억하는 사람들은 세계적인 문화예술의 중심지로 발전한 오늘날의 베를린을 걸으면서 마치 꿈을 꾸는 듯한 느낌일 것이다. 장벽에 둘러싸였던 분단도시의 암울한 분위기, 전쟁의 흔적이 그대로 남은 채 매연으로 검게 그을린 동베를린 구도심의 공허함은 이제 모두 사

1920년대(위)와 베를린장벽 건설 이후(아래) 포츠담 광장 모습.

라졌다.

폐허가 될 뻔했던 동베를린의 시가지는 고풍스러운 옛날의 모습을 완전히 되찾아가고 있다. 방치되었던 포츠담 광장과 슈프레강변에도 새로운 건물들이 들어섰다. 고급스러운 상점이 늘어선 프리드리히 거리를 오가는 행인들의 걸음은 여유롭고도 생기에 차 있다. 장다르멘마르크트의 콘서트하우스 앞 광장은 까페에 앉아 거리 악사의 연주를 즐기는 사람들과 그 옆을 바쁘게 오가는 사람들로 북적인다. 브란덴부르크문에서부터 다시 복원되고 있는 베를린성을 잇는 운터덴린덴 거리를 걷다보면 누구나 19세기 유럽의 강자였던 프로이센제국의 위풍을 온몸으로 느낄 수 있을 것이다.

물론 2019년 베를린의 모습은 2차대전 이전, 1930년대 초반까지 황금기를 누렸던 시기의 베를린과 같지는 않다. 그러기에는 너무 많은 건물들이 이미 파괴되었다. 2차대전 중에 베를린 건물의 3분의 1 정도가 폭격으로 파괴되었다. 1945년 이후에는 현대화의 이름으로 전쟁 중에 파괴된 것과 유사한 정도로 많은 건물들이 철거되었다. 그 자리에 새로운 건물들이 들어선 곳도 많았지만 분단으로 인해 빈 공간으로 남아 있는 경우도 많았다.

통일 이후에 베를린이 세계적으로 유명한 건축가들이 가장 선호하는 건설 공사장이 될 수 있었던 것은 그런 공간이 많았기

2019년 현재 포츠담 광장의 모습. 베를린에서 현대식 건축물이
가장 많이 모여 있는 곳이다. 거리 한가운데에 박힌, 장벽을 상징
하는 벽돌들만이 1990년 이전의 모습을 상상할 수 있게 해준다.

때문이다. 포츠담 광장의 많은 빌딩들, 베를린 중앙역, 유대박물관을 비롯해서 연방수상청과 연방의회 의원회관 등이 모두 세계적으로 유명한 건축가들의 작품이다. 베를린 시정부는 세계적인 스타 건축가들에게 건축을 의뢰할 때 도시 전체의 분위기에 어울리는 건축물을 만들어줄 것을 요청했다. 그 결과 높지 않고 우아한 스카이라인이 조성되고, 역사를 품은 베를린 도심의 거리가 재생되었다.

건물이 사라진다는 것은 그곳에 담긴 역사가 잊힌다는 것을 의미할 수도 있다. 그러나 통일 이후 베를린은 역사를 잊은 공간이 아니라 기억을 품은 도시가 되었다. 도시 중심의 브란덴부르크문에서 별로 멀지 않은 공간에 만들어진 홀로코스트 추모 공간과 분단의 흔적을 그대로 보여주는 체크포인트 찰리, 이스트사이드 갤러리, 나치 테러의 참상을 보여주는 '테러의 지형도 박물관', 티어가르텐 한가운데에 있는 '나치에 희생된 동유럽 집시들을 위한 추모공원'에 이르기까지 베를린 안에는 어떻게 역사가 기억되고 있는지 볼 수 있는 장소들이 참으로 많다.

이 공간들은 누구에게도 역사의 한 단면을 특정 방식으로 이해해야 한다고 강요하지 않는다. 그저 기억의 공간으로서, 잊지 말고 성찰해야 한다는 것을 온몸으로 느끼게 해줄 뿐이다. 거기에서 독일 시민교육의 근간이 되는 '사유'가 그대로 드러난다.

어떤 방식의 교육이든 사실에 대한 특정한 해석을 일방적으로 강요하는 것이 아니라 교육받는 사람이 스스로 판단할 수 있도록 도와줘야 한다는 것이다. 역사를 보는 비판적 시각과 함께 스스로를 성찰할 수 있는 능력을 키워야만 나치체제와 같은 불행한 역사가 되풀이되는 것을 막을 수 있다는 견해가 이런 사유를 뒷받침하고 있다.

베를린을 방문하는 많은 일본 관광객들은 이런 기억의 공간을 보면서 무엇을 느낄까 궁금하다. 도시 중심의 티어가르텐 지역에 있는 웅장한 일본 대사관 건물을 보고 자부심을 느끼는 것은 아닌지 모르겠다. 그들은 이 건물이 2차대전 중에 나치가 삼국동맹조약을 맺은 일본과 이딸리아에 주었던 건물을 그대로 복원한 것이라는 사실을 알고 있을까. 독일에서는 나치를 찬양하는 것이 형사처벌을 받는 범죄행위라는 것도 알고 있을까.

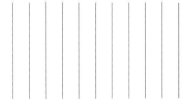

'가난하지만 섹시한' 도시

통일 이후 베를린은 유럽의 새로운 관광지로 부상했다. 2018년 베를린을 방문한 관광객의 수가 1350만명이었다. 세계 각국의 관광객이 베를린을 보기 위해 온다. 서울에서 베를린으로 오는 직항 노선이 아직 없기 때문에 프랑크푸르트나 뮌헨 또는 유럽의 다른 국제공항에서 비행기를 갈아타야 하지만 베를린을 찾는 한국인 관광객들의 수는 나날이 많아진다. 베를린은 이제 유럽의 4대 관광지에 속한다.

관광객들은 시내 중심지와 베를린장벽이 남아 있는 이스트사이드 갤러리, 체크포인트 찰리 검문소 등 기존의 유명 관광지에만 몰리지 않는다. 클럽문화를 즐기기 위해 오는 관광객이 300만명이 넘는다. 베를린은 테크노음악 팬들의 성지가 되었다.

매주 주말이면 베르크하인Berghain이나 카터블라우Kater Blau 같은 유명 클럽뿐만 아니라 크고 작은 수많은 클럽에서 열리는 파티를 즐기려는 사람들이 줄을 선다. 베를린 시정부의 경제장관이 "베를린 클럽문화는 세계적으로 유명해졌고 우리 도시의 대표적인 상품이 되었다"라고 할 정도다.

젊은 예술가들이 빈집을 점령해 새로운 예술공간으로 만들어 유명해진 오라니엔부르거Oranienburger 거리에도 관광객들이 많이 모인다. 이 거리의 타헬레스Tacheles 상점에서는 전세계에서 모여든 대안예술가들의 작품을 살 수 있었다. 이제는 이 지역도 젠트리피케이션의 피해자가 되어 가난한 예술가들의 공동체는 변두리 지역으로 밀려나고 있다. 그 대신에 관광객을 위한 화려한 레스토랑과 까페들이 거리 곳곳에 있다. 집세가 저렴해서 가난한 젊은 예술가들이 모여들었던 노이쾰른과 크로이츠베르크, 프렌츠라우어베르크 지역에도 관광객을 위한 까페가 성업 중이다.

베를린은 만원이다?

베를린의 주민들이 모두 관광객을 환영하는 것은 아니다. 좌파당 소속 정치인이 관광마케팅을 계속하는 시정부에 베를린을

젊은 예술가들이 빈 건물을 점령해 새로운 예술 공간으로 만들어
유명해진 타헬레스의 조각 공원.

디즈니랜드로 만들 셈이냐고 비난했다. 관용과 포용을 정치적 모토로 내세운 베를린 녹색당이 "도와줘, 관광객이 몰려오고 있어!"라는 제목으로 주민과의 대화 행사를 할 정도로 늘어나는 관광객 문제는 베를린의 정치적인 이슈가 되었다.

베를린 주민이 자기 지역에서 손님이 된 것 같은 느낌을 가져야 하느냐는 불만도 나온다. 자유대학교가 위치한 달렘 지역의 주민들은 시내에서 멀리 떨어져 있어 베를린이 베네찌아처럼 관광객으로 몸살을 앓고 있다는 것을 일상에서 실감하지 못한다. 반면 시내 중심가에 있는 홈볼트대학교의 동료들은 아무 때나 캠퍼스 안으로 들어와 사진을 찍는 관광객들을 막을 방도가 없다고 한탄한다. 시정부가 관광마케팅을 위해 돈을 쓰지 말고 지역 주민의 삶의 질을 개선하기 위한 사업에 더 많이 투자해야 한다고 목소리를 높이는 사람도 있다. 그러나 이들이 시의회에서 다수를 차지하는 것은 아니다.

베를린 시정부는 여전히 더 많은 관광객을 유치하기 위해 '베를린 방문' 프로그램에 예산을 지원하고 있다. 시정부 경제장관은 기회가 있을 때마다 베를린을 찾는 관광객들이 지출하는 돈이 베를린 경제에 도움을 준다고 강조한다. 베를린이 복잡하게 느껴지는 이유는 관광객이 많아졌기 때문만이 아니라 주민이 계속 증가했기 때문이라는 설명도 잊지 않는다.

실제로 베를린 주민은 2000년 이후 지속적으로 늘어나서 2018년에 360만명을 넘어섰다. 베를린이 황금기를 누렸던 1920년대에 주민 수가 400만명이 넘었다는 것을 생각하면 베를린은 아직 만원이라고 할 수 없다. 그러나 주민들이 늘어나고 관광객이 많아지면서 도로가 자주 막히고, 지하철과 버스, 도시철도가 붐비자 주민들은 베를린이 만원이라고 한다. 2차대전 이후 베를린 주민 수가 지속적으로 300만에서 350만명 사이에 머물렀던 것에 비하면 지금의 베를린은 분명히 만원이다.

베를린의 인구가 증가하는 이유는 출생률이 사망률보다 월등히 높기 때문이 아니다. 2018년에 태어난 신생아 수가 사망자의 수보다 약 5천명 많은 정도다. 베를린 주민 수가 증가하는 주된 이유는 새로 유입되는 인구가 많기 때문이다. 2014년에만 31만명이 넘게 베를린으로 전입해 왔다. 반면에 약 27만명이 전출 신고를 했다. 2014년에만 전입한 사람이 전출한 사람보다 약 4만명 많았다. 그들 중 많은 수가 외국에서 왔다. 베를린을 떠난 외국 출신 주민에 비해 베를린으로 전입해 온 외국인이 약 2만 5천명 많았다. 결국 늘어난 베를린 인구의 절반 이상이 외국인이다. 베를린에서 영어만 사용해도 불편하지 않게 살 수 있게 된 것은 놀라운 일이 아니다.

인구가 증가하고 지난 15년간 경제가 지속적으로 성장했지만 베를린은 여전히 가난하다. 독일 대도시 중에 가장 가난한 도시에 속한다. 그래서 유럽과 독일의 다른 대도시와 비교하면 여전히 집세도 낮고, 물가도 저렴하다. 주민 소득에 대한 조사 결과를 보면 2018년 16.5퍼센트의 주민이 빈곤위험에 직면한 그룹으로 분류되었다. 1991년에도 16.7퍼센트였다. 실제로 베를린 주민들의 경제 상황은 그렇게 많이 좋아지지 않았다. 세금과 사회보장비를 제외한 가구당 월평균 순소득이 1991년에 1175유로, 2018년에 1375유로였다. 연간 0.5퍼센트 증가한 것이다. 베를린 주민 중에 7.4퍼센트가 실업연금 또는 사회보조금으로 생활하고, 약 21퍼센트가 부모 또는 배우자로부터 생활비를 받고 있으며, 20퍼센트가 연금으로 생활한다는 2018년의 통계를 보면 베를린 주민들의 월평균 소득 수준이 낮은 이유를 이해할 수 있다. 주민의 47.6퍼센트만 자체적인 경제활동을 통한 수입을 가지고 있다. 실제로 베를린은 가난하다. 그렇지만 풍요롭다. 통일 이후 베를린으로 몰려온 수많은 이방인들과 함께하는 일상의 삶이 베를린을 그렇게 만든다.

이민자와 난민 모두 이웃

2019년 현재 베를린에 살고 있는 주민 세명 중에 한명은 본인이 이민자이거나 이민가정에서 태어났다. 이민자의 출신 지역은 터키, 러시아와 구소련, 폴란드, 구유고슬라비아 등이 가장 많다. 베를린에 거주하는 한국 교민의 수는 약 4천명 정도다.

베를린의 서쪽에 있는 샤를로텐부르크, 슈판다우, 라이니켄도르프Reinickendorf, 쉐네베르크 지역과 시내 중심의 미테, 크로이츠베르크, 노이쾰른 지역의 경우 주민의 40퍼센트 이상이 이민자 또는 이민가정에서 태어났다. 지역에 따라서는 한 학급의 학생 대부분이 이민가정 출신인 경우도 있다. 베를린 동쪽 외곽지역에만 외국인이나 이민가정 출신의 주민이 비교적 적다.

베를린의 거리에서는 다양한 문화권에서 온 주민이 함께 살고 있다는 것을 실제로 체감할 수 있다. 독일 정부가 스스로 이민국가라고 천명하지는 않았지만 베를린은 이미 세계 각국에서 온 사람들이 함께 사는 것이 일상이 되었다. 분단시기의 우울했던 모습은 사라지고 다양한 문화가 함께 어우러진 개방적인 세계도시로 거듭 난 것이다.

베를린 주민들은 자신들이 멋진 세계시민이라는 사실을 2015년과 2016년에 분명히 보여주었다. 2015년에 독일로 온

100만명이 넘는 난민 중 5만 5천명이 베를린에 도착했다. 갑자기 밀려드는 난민을 신속하게 처리하기에는 베를린의 행정인력이 턱없이 부족했다. 통일 이후 베를린의 재정이 악화되자 시정부가 정년퇴직하는 직원의 자리를 새로 충원하지 않았기 때문에 지금까지도 대부분의 행정기관이 인력 부족으로 어려움을 겪고 있다.

2015년 여름, 하루에 1천명 이상의 난민이 들이닥치자 이들을 수용할 시설이 부족했을 뿐만 아니라 식사, 의료, 위생 등 해결해야 하는 문제가 한둘이 아니었다. 임시수용시설은 마치 전쟁터를 방불케 했다. 이렇게 많은 문제에도 불구하고 사고가 발생하지 않았던 이유는 베를린에 도착한 난민을 도와주기 위해 시민들이 적극적으로 나섰기 때문이다.

베를린 시민들은 각 지역을 중심으로 스스로 자원봉사단을 구성해서 난민들에게 식사를 제공하기 위해 식재료를 모으고 음식을 만들어 급식을 했다. 의류와 위생용품을 기부받고, 행정적인 절차가 원활하게 이루어질 수 있도록 도왔으며, 아랍어 같은 외국어를 구사하는 시민들은 통역사로 자원봉사에 나섰다. 급조된 임시수용시설도 부족해지자 시민들이 자기 집의 손님방을 제공하기도 했다. 행정관리 경험이 있는 정년퇴직자들은 이 모든 일을 조직하고 필요한 곳에 자원봉사자를 배치하는 역할을 맡았다.

수많은 자원봉사자들이 없었더라면 베를린의 행정관청이 2015년 여름부터 겨울까지 매일 도착하는 난민 문제를 어떻게 처리했을지 상상할 수 없다. 인력 부족으로 어려움을 겪고 있는 행정기관이 신속하게 대응하지 못한 것은 분명히 문제였지만, 시민사회의 측면에서 보면 그것은 엄청나게 놀라운 현상이었다. 자원봉사를 위해 나선 모든 사람들이 궂은일도 마다하지 않고, 성실하게 맡은 일을 처리했다. 자원봉사에 직접 참여하지 못한 사람들은 식자재, 의류, 침구, 위생용품을 기부해주었다.

SNS를 통해 어떤 물품이 필요한지 알려졌고, 대학을 비롯해 각 학교에서도 필요한 물건을 조직적으로 모아서 전달했다. 내가 있는 자유대학교에서도 당시 날마다 필요한 물건의 목록이 돌았다. 어떤 때는 기부하려는 시민들이 너무 많아서 물품이 넘쳐나기도 했다. 베를린 시민들은 그렇게 시리아와 다른 중동 지역에서 몰려든 난민들을 받아들였다.

2016년 12월 19일 저녁 8시경 베를린 시내의 카이저빌헬름 Kaiser Wilhelm 교회 광장 앞에서 열린 크리스마스 마켓에서 이슬람 극단주의자의 테러로 12명이 사망하고 55명이 부상을 입는 사건이 발생했다. 대부분의 사람들이 베를린이 테러의 목표가 될 것이라고 상상하지 않았기 때문에 베를린 시민들은 큰 충격을 받았다. 그럼에도 불구하고 그들은 테러에 의연하게 대처했다.

지금도 베를린의 크리스마스 마켓에서는 12월 19일 20시에 3분간 사이렌을 울리고 테러 희생자를 위해 묵념한다. 희생자의 유가족들은 크리스마스 마켓의 한 귀퉁이에 있는 와인가게에서 따뜻한 와인을 마시며 옆자리에 앉은 사람들과 그날에 관해 이야기한다. 분노나 복수의 감정은 보이지 않는다. 그저 이웃과 함께 그날을 기억하려고 할 뿐이다.

스타트업의 메카

베를린에는 이민자, 젊은 예술가뿐만 아니라 반짝이는 아이디어를 가지고 자신의 사업을 시도해보려는 세계 각국의 젊은 이들이 모여든다. 젊고 혁신적인 아이디어를 가진 사람들의 스타트업 회사들이 이제는 베를린 경제에서 아주 중요한 요소가 되었다.

베를린은 런던, 빠리와 함께 유럽의 스타트업 중심지가 되었다. 현재 베를린에 있는 스타트업의 수는 약 3천개로, 10만여명이 이 분야에서 일하고 있다. 한 투자회사가 조사한 바에 따르면 베를린에서는 20시간마다 새로운 인터넷 기업이 창업된다고 한다. 2017년 투자자들이 독일의 스타트업에 투자한 액수는 총 43억 유로였고, 이 중 약 30억 유로가 베를린에 집중되었다. 독일에서 성공한 것으로 평가받는 열개의 스타트업 중에 적어도 여섯개는 베를린에서 창업한 것이다. 2008년 스타트업으로 시작해서 이제는 약 45억 유로의 매출을 올리고 있는 의류판매회사 찰란도Zalando가 베를린에 본사를 두고 있다. 이 회사는 유럽에서 가장 큰 온라인 의류판매회사로 성장해 베를린에서 창업하는 회사들의 모델이 되었다.

베를린의 스타트업에서 근무하는 사람의 절반은 독일이 아닌 다른 나라 출신이다. 이들의 공용어는 영어다. 베를린 시내의 까페에서는 노트북을 펼치고 사업 구상을 논의하는 젊은이들을 자주 볼 수 있다. 베를린은 그들에게 기회를 주는 스타트업의 수도가 되었고, 그와 함께 새로운 일자리도 창출되고 있다. 디지털 경제가 이런 변화를 주도한다. 수십억 유로가 투자되는 혁신기술 기업이 베를린 경제성장의 동력이 되고 있다.

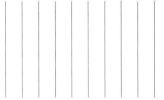

베를린을 통해서 본 한반도

2019년 여름의 베를린은 무더운 날과 서늘한 날이 서로 시기하듯 교차하면서 공존하고 있다. 지금의 베를린은 분단의 기억을 잊어가고 있다. 장벽 붕괴 30주년을 기념하는 다양한 전시회와 토론회가 열리고 있지만 통일 이후에 태어난 이곳의 젊은이들에게는 호랑이 담배 피우던 시절, 먼 옛날의 이야기로 들릴 뿐이다. 언젠가는 우리의 젊은이들도 통일된 나라에서 함께 어우러져 살 수 있는 날이 올 수 있기를 꿈꾸며 글을 썼다.

독일의 분단체제와 한반도의 분단체제는 서로 비교할 수 없을 정도로 많은 것들이 다르다. 동서독은 서로 죽고 죽이는 전쟁도 하지 않았고, 분단에도 불구하고 계속 교류할 수 있었다. 편지를 보낼 수도 있었고, 여러 복잡한 서류를 제출하고 오래 기다

려야 했지만 가족과 친척을 만날 수도 있었다. 많은 사람들이 가족의 생사조차 모르고 70년 이상 살아야 했던 우리와는 정말 상황이 달랐다. 그럼에도 불구하고 우리는 무엇이 독일 분단체제의 극복을 가져왔을까 끊임없이 질문을 던질 수밖에 없다. 한반도와 독일이 완전히 달랐다면 무엇이 어떻게 달랐을까, 그리고 왜 달랐을까. 이에 대한 답을 찾아야만 우리가 할 수 있는 것이 무엇인지 알아낼 수 있을 것 같아서 묻고 또 묻는다.

베를린은 독일에서 분단체제의 상징이자 분단 극복의 상징이기도 하다. 분단시기 동안 치열한 대립과 갈등의 근원지였고, 동시에 갈등을 해소하고 합의를 만들어낸 곳이기도 하다. 분단과 전쟁에 대한 서로의 잘잘못을 따지느라 분단의 경계선을 죽음의 차단선으로 만들어버린 한반도에서는 상상하기 어려운 일들이 베를린에서는 가능했다.

냉전 갈등을 최고조에 이르게 했던 베를린장벽의 구축은 오히려 동서진영으로 하여금 서로 간의 협력 없이는 평화가 절대 보장되지 않는다는 사실을 분명히 알게 해주었다. 장벽 설치 2년 만에 서베를린과 동독 간에 통행증협정이 체결되고 서베를린 주민들이 동베를린을 다시 방문할 수 있게 된 것이 바로 그 증거다. 통행증 협상의 경험은 서베를린 시장이었던 브란트가 서독 연방정부의 수상이 되어 추진한 신동방정책의 중요한 밑

거름이 되었다. 신동방정책의 기본이념인 '접근을 통한 변화'가 바로 베를린장벽의 구축과 함께 탄생한 것이다. 그런 이념은 서베를린 시장으로서 주민들이 분단으로 인해 겪는 고통을 덜어주어야 한다는 책임감에서 나온 것이었다.

　브란트는 분단으로 인한 고통은 독일인 모두가 겪을 수밖에 없는 것이라며, 동독을 떠나려는 사람들에게 가해지는 폭력과 인권침해 사례를 모두 기록해두자고 제안했다. 그래서 잘츠기터에 중앙인권침해기록보관소가 만들어졌다. 신동방정책과 인권침해 감시정책이 모두 브란트의 정책이었다는 것을 우리는 잘 모른다. 진보진영은 브란트가 신동방정책을 취했기 때문에 독일이 통일될 수 있었다는 점만 보려고 했고, 보수진영에서는 서독이 동독의 인권침해 사례를 모두 기록해두었다고 강조하면서 우리도 그런 기구가 필요하다고 강조했다. 분단으로 인해 국민들이 겪어야 하는 고통을 줄이기 위해 노력했던 브란트의 원칙을 이제는 제대로 봐야 할 때가 되지 않았을까.

　브란트는 갈등에 직면했을 때에는 누구의 잘못인지 이유를 따지기 전에 문제를 해결할 수 있는 현실적인 방법을 모색하는 것이 정치인의 책임이라는 것을 실천을 통해 보여주었다. 실현 가능한 해결책을 찾는 것은 타협할 준비가 되어 있을 때에만 가능하다. 그는 자신의 원칙만을 고집한 것이 아니라 서로 다른 입장을 인정하면서도, 서로 받아들일 수 있는 타협점을 찾으려 했다. 그렇기 때문에 베를린 문제를 해결하기 위해 동독과 서독이 서로 교류할 수 있었다. 베를린이 동서독 간의 교류를 위한 가교가 되었다는 의미가 바로 이것이다.

우리는 베를린 이야기를 통해 분단과 대결이 지속되는 상황에서도 현실적인 문제에 대한 협력이 가능하다는 것을 보았다. 갈등이 발생한 곳이 그것을 해결하기 위한 합의점을 찾아내는 공간이 될 수 있다는 것도 보았다.

4대 승전연합국이 공동으로 통치하는 곳이라는 베를린의 특수성을 해석하는 시각에는 양 진영 간 차이가 있었다. 국제법적으로 베를린의 지위를 규정하는 문제에 관한 입장 차이는 독일이 통일되기 전까지 서방연합국과 소련, 서독과 동독 간 갈등의 불씨가 되었다. 소련과 동독은 동베를린을 동독의 수도로 정하고, 서베를린을 독립된 주권적 단위로 규정해 서독과 분리시키려 했다. 이와 달리 서독과 서방연합국은 동서베를린 전체에 대한 4대 승전연합국의 공동 관리 원칙을 고수하며, 서베를린을 사실상 서독 연방주의 하나로 간주했다. 원칙적으로 상이한 입장을 고수하면서도 서베를린 시정부와 서독은 동독 정부와 교류 및 협력에 관한 협정을 체결했고, 분단체제의 긴장을 완화시킬 수 있었다.

베를린의 지위에 대한 명백한 입장 차이에도 불구하고 협상이 가능했던 이유는 협상 과정에서 먼저 그 차이점을 인정했기 때문이다. 서로 입장이 다르다는 것을 인정함으로써 정치적 이해관계가 대립하는 민감한 내용을 협상 테이블에 올리지 않았고, 실질적으로 해결해야 할 문제에 대한 합의점을 찾았다. '다름을 인정하는 합의'라고 표현되는 협상 방식이 그 진가를 발휘한 것이다. 그 과정에서 서독은 동독에 막대한 재정을 지원했다. 그러나 이에 상응하는 대가를 요구하지는 않았다. 그리고 동독은 다양한 방식으로 교류를 위한 조건을 완화했다. 이처럼 베를린은 우리에게 다름을 인정하고 타협할 수 있다고 생각한다면 함께 문제를 해결해나갈 수 있다는 것을 알려준다.

이런 타협이 현실적으로 어떻게 실행에 옮겨졌는지 1980년대에 서베를린 시장을 역임한 에버하르트 디프겐Eberhard Diepgen과의 인터뷰에서 자세히 들을 수 있었다. 그는 서베를린 시장으로서 소련과 서방연합국이 생각하는 서베를린과 서독 간의 관계와 실질적으로 독일연방공화국의 일부인 서베를린의 현실 사이에서 '연례행사' 때마다 외줄타기를 해야만 했다고 한다. 서베를린에서 매년 열리던 국제행사에 서독 연방정부 장관이 와서 축사를 하면 베를린 주재 소련 대사는 매년 항의를 했다. 그때마다 서베를린 시장은 그 환영인사는 월권행위가 아니라 친선을 위한 것일 뿐이라고 둘러댔다고 한다. 또 해마다 모스끄바에서 열리는 행사에 의례적으로 초청을 받은 서베를린 시장이 "모스끄바 주재 서독 대사관을 통해 방문을 준비하도록 한다"라는 전문을 보내는 것도 연례행사였다. 그런 방식으로 서베를린이 독일연방공화국, 즉 서독의 일부라는 것을 보여준 것이다. 서베를린 시장이 동독 지도자 호네커를 만날 때도 의례적으로 먼저 동베를린 주재 서독 상주대표부에 들렀다 가곤 했다고 한다. 외줄을 타듯, 살얼음판 위를 걷듯 조심스럽게 이루어진 접근을 통한 변화가 결국에는 통일로 결실을 맺었다.

베를린 시내 포츠담 광장에는 이제 장벽은 사라지고 없다. 그러나 장벽이 있던 자리 한곳에는 분단된 한반도를 상징하는 '통일정자'가 세워져 있다. 이 책은 베를린의 통일정자를 보러 오는 한국 사람들에게 들려주고 싶은 이야기를 써내려놓은 것이다. 통일을 꿈꾸기 이전에 먼저 평화를 만들었던 동서베를린의 이야기가 분단이라는 숙명적 과제를 안고 있는 우리에게 나침반 같은 의미를 지닐 수 있기를 바란다.

베를린, 베를린
분단의 상징에서 문화의 중심으로

초판 1쇄 발행/2019년 11월 9일

지은이/이은정
펴낸이/강일우
책임편집/이하림
조판/박아경
펴낸곳/(주)창비
등록/1986년 8월 5일 제85호
주소/10881 경기도 파주시 회동길 184
전화/031-955-3333
팩시밀리/영업 031-955-3399 편집 031-955-3400
홈페이지/www.changbi.com
전자우편/nonfic@changbi.com

ⓒ 이은정 2019
ISBN 978-89-364-8291-6 03920